Bios Life Franchise Business Handbook

바이오스 라이프 프랜차이즈 비즈니스 핸드북

Bios Life Franchise
Business Handbook

바이오스 라이프 프랜차이즈
비즈니스 핸드북

초판 1쇄 2014년 03월 10일
초판 5쇄 2024년 09월 10일

지은이 바이오스 라이프 프랜차이즈 실행관리팀
펴낸이 이태규
북디자인 강민정 · **영업마케팅** 유수진 · **전자책** 김진도

발행처 아이프렌드
주소 대전광역시 서구 괴정로 107 연흥빌딩 201호(괴정동 53-10번지)
전화 042-485-7844 **팩스** 042-367-7844
주문전화 070-7844-4735~7
홈페이지 www.ifriendbook.co.kr
출판등록번호 제 305 호

ⓒ바이오스 라이프 프랜차이즈 실행관리팀(저작권자와 맺은 특약에 따라 검인을 생략합니다.)
ISBN 978-89-6204-185-9 (13300)

이 책은 저작권법에 따라 보호받는 저작물이므로 무단 전재와 무단 복제를 금지하며,
이 책 내용의 전부 또는 일부를 이용하려면 반드시 저작권자와 아이프렌드의
서면동의를 받아야 합니다.

• 값은 뒤표지에 있습니다.
• 잘못된 책은 구입처에서 바꾸어 드립니다.

Bios Life Franchise Business Handbook

바이오스 라이프 프랜차이즈
비즈니스 핸드북

들어가는 말

〈Bios Life Franchise Business Handbook〉은 회원들에게 발전적이고 수익성 있는 프랜차이즈 사업을 하는 방법을 소개합니다. '바이오스 라이프'와 '바이오스 라이프 프랜차이즈'를 여러 사람들과 공유하는 것에 관한 여러가지 탁월한 생각들이 들어있습니다. 게다가 이 새로운 설명서는 당신이 새로운 프랜차이즈 사업가들을 모집하는 경우에 잘못된 정보를 구별하도록 돕습니다. 고객의 저변을 안정적으로 확보하고, 고객을 사업가로 전환시키는 데 도움이 됩니다. 당신이 배우게 될 기술이 평생동안 지속되리라는 것을 확신할 것입니다.

더욱이 〈Bios Life Franchise Business Handbook〉은 임상 연구에 관한 최신 정보와 '바이오스 라이프'에 관하여 최근에 밝혀진 연구 결과를 당신에게 제공합니다.

〈Bios Life Franchise Business Handbook〉은 새로운 프랜차이즈 사업을 하는 귀하의 성공에 있어서 없어서는 안될 지침서입니다.

프롤로그

Bios Life Franchise Owner 여러분께,

얼마 전에 저는 지금 여러분들과 같은 Franchise Owner의 위치에 있었습니다. 1990년대 초에 Franchise Owner로서 사업을 시작했을 때 저는 Unicity로부터 가장 특화된 제품인 '바이오스 라이프™' 제품의 유통 권리를 부여 받았습니다. 그 당시의 시장은 지금과는 매우 달랐습니다. 콜레스테롤에 대해 아는 사람이 거의 없었고, 콜레스테롤의 위험 수치와 심혈관질환의 상관관계에 대해서도 아는 사람이 거의 없었습니다. 위험스러운 콜레스테롤 수치를 낮추는 방법에 대해 아는 사람은 더욱 드물었습니다.

심혈관질환의 위험성과 바이오스 라이프가 체내 콜레스테롤 수치를 조절하는데 도움이 된다는 점을 알게 된 저는 뭔가 특별한 사실을 발견했습니다. 바이오스 라이프는 제게 과거라면 꿈으로 그쳤을 사업 기회와 생활방식을 제공했습니다. 현재 유니시티의 회장인 저의 임무는 바이오스 라이프의 건강상의 혜택과 바이오스 라이프 프랜차이즈 사업 모델의 경제적 보상을 세계로 확대하는 것입니다. 바이오스 라이프 프랜차이즈 사업 모델은 탄탄하고 안정적인 사업에 필요한 모든 것을 제공하며 앞으로 귀하와 귀하의 소중한분들에게 수익을 가져다 줄 것입니다. 바이오스 라이프 프랜차이즈를 설립하는 것은 여러 가지 측면에서 집을 짓는 것과 같습니다. 귀하가 꿈에

그리던 집을 짓는 것과 같습니다. 귀하는 단단한 토대, 적절한 제품, 전문적인 훈련이 필요합니다.

Bios Life Franchise Business Handbook은 성공으로 가는 청사진입니다. 귀하가 활동 계획을 수립하고 바이오스 라이프 프랜차이즈를 설립하는 동안 설명서를 참고하시기 바랍니다. 설명서는 성공적인 사업 관행과 수년간의 경험을 토대로 만들어졌습니다.

Franchise Owner의 활동에 영향을 줄 정보가 이 설명서에 담겨 있습니다. 바이오스 라이프 프랜차이즈를 소유한 것을 자랑스러워 할 날이 올 것입니다.

귀하를 환영하며 귀하의 성공을 기원합니다.

— 스튜어트 F. 휴즈 회장 —

목 차

| 들 어 가 는 말 |
| 프 롤 로 그 | Bios Life Franchise Owner 여러분께

| 시 작 하 기 | 1장. 바이오스 라이프 프랜차이즈 사업 모델 · 10
2장. 바이오스 라이프 프랜차이즈 사업 시작 · 20

| 고객의 저변확보 | 3장. 바이오스 라이프 마케팅 · 36
4장. 고객에게서 구입 결정을 얻어내기 · 60
5장. 고객의 제품 사용 시작 돕기 · 74
6장. 고객 지원 · 80

| 프랜차이즈 확장 | 7장. 고객을 프랜차이즈 사업가로 바꾸기 · 92
8장. 바이오스 라이프 프랜차이즈 사업 모델 소개 · 102
9장. 고객의 긍정적인 결정을 얻어내기 · 128
10장. 새로운 프랜차이즈 사업가의 사업 시작 돕기 · 144
11장. 프랜차이즈 사업가 지원 · 156
12장. 의료 서비스 제공자를 위한 전략 · 168

| 바이오스라이프에 친 숙 해 지 기 | 13장. 바이오스 라이프 제품 교육 · 180
14장. 바이오스 라이프의 설명상의 요점 · 198
15장. 임상 연구 · 204

| 부 록 | 16장. 프랜차이즈 사업 도구 · 218
17장. 목표 · 222
18장. 가망고객 발굴 방법 · 236
19장. 미팅 시 확인 점검 사항 · 244
20장. 대인관계기술 · 250

1장. 바이오스 라이프 프랜차이즈
사업 모델

제1장

바이오스 라이프 프랜차이즈 사업모델

바이오스 라이프 프랜차이즈 사업 모델은 기본적으로 다음의 세 가지 사업 원칙을 바탕으로 합니다.

사실상 문제가 크면 클수록 사업의 기회도 많아집니다. 역사를 살펴보면 문제를 해결하려 했던 사람들이 노력의 대가로 상당한 부를 만들어내는 경우가 많았습니다. 바이오스 라이프 프랜차이즈 사업 모델도 이와 다르지 않습니다.

바이오스 라이프 프랜차이즈 사업 모델은 전 세계적으로 가장 큰 건강 문제를 해결하도록 설계되었고 바이오스 라이프 프랜차이즈를 성공적으로 사업할 사람들에게 부를 가져오도록 설계되었습니다.

> 위기에서 기회를!
> "세계적으로 가장 큰 문제가, 부를 창출할 수 있는
> 가장 큰 기회를 제공합니다."

바이오스 라이프 프랜차이즈 사업 모델의 자세한 내용을 살펴보기 전에 기회를 둘러싼 문제와 해결책을 이해하는 일이 중요합니다.

1. 문제 - 심혈관질환

심혈관질환은 현재 세계적으로 사망의 가장 큰 원인입니다. 이것은 HIV(AIDS), 알츠하이머(노인성 치매), 암을 합친 것보다 큰 원인이 되고 있습니다. 사실상 심혈관질환은 선진국 국민 37% 이상의 목숨을 앗아가고 있습니다. 수명이 5년 연장될 때마다 10% 이상 사망률이 올라갑니다. 개발도상국의 자료는 쉽게 입수할 수 없지만, 심혈관질환은 중국과 인도, 세계에서 가장 인구가 많은 나라에서 새롭게 등장한 위험 질환으로 인식되고 있습니다. 심혈관질환은 북미에서 매년 1백 50만 명의 목숨을 앗아가고 있습니다. 필라델피아나 피닉스의 전체 인구와 같은 수치입니다. 하루에 심혈관질환으로 사망하는 사람의 숫자는 4천 1백 명입니다. 즉 21초마다 1명이 사망하는 것입니다. 심혈관질환의 주요 원인은 콜레스테롤 수치가 높기 때문입니다.

북미에 사는 인구 중 7천 5백만 명 이상이 높은 콜레스테롤 수치로 고통을 겪고 있으며 그 수치가 증가하고 있습니다. 세 명 중 한 사람이 심혈관질환으로 사망하고 있는 것이 사실입니다. 당신이 친구 두 명과 있는 경우, 그 중 한 사람이 심혈관질환으로 사망할 가능성이 있다는 것입니다.

2. 약물에 의한 해결책

지난 10년 동안, 주요 제약 회사에서 고(高) 콜레스테롤을 치료할 처방약제를 판매해 왔습니다. 이 처방약제의 이름은 스타틴입니다. 사실상 세계적으로 가장 많이 팔리는 처방약제 두 가지 중 하나가 스타틴입니다.

스타틴이 많은 사람들에게 효과적이긴 하지만, 아래와 같이 몇 가지 한계와 취약점이 있습니다.

* 한 가지 경로를 통해서 콜레스테롤 수치를 낮춘다.
* 즉, 간에서 콜레스테롤 생성을 막습니다.
* 좋은 콜레스테롤(HDL) 수치를 증가시키지 못합니다.
* 스타틴은 중성지방(triglyceride)이나 혈당(glucose) 수치에 영향을 주지 못합니다.
* 제조회사의 경고 문안을 보면 스타틴은 심각한 부작용을 일으킬 가능성이 있습니다.

이런 부작용 가능성 때문에 콜레스테롤이 높은 사람들 중 25%가 스타틴을 복용할 수 없다는 통계가 있습니다.

바이오스 라이프 프랜차이즈 비즈니스 모델은 고 콜레스테롤을 치료하는 데 있어서 스타틴의 비중을 낮추는 것에 초점을 맞추고 있지 않습니다. 오히려 바이오스 라이프 프랜차이즈는 대체 방안을 제공합니다.

3. 자연스러운 해결책

바이오스 라이프는 임상 실험을 거쳐서 특허를 받고, 콜레스테롤을 완벽하게 개선하는데 안전하고 자연스러운 해결책을 소개합니다. 시중에 나와있는 대부분의 콜레스테롤 개선 제품과는 달리 바이오스 라이프는 콜레스테롤을 아래의 4가지 기전에 의해 개선해 줍니다.

1. 장내에서 콜레스테롤의 재흡수를 막습니다. (식이섬유)
2. 간에서 생성되는 콜레스테롤의 합성을 저해합니다. (폴리코사놀)
3. 위에서 섭취한 콜레스테롤 흡수를 막습니다. (식물스테롤)
4. 효소에 의한 콜레스테롤의 분해능력을 강화시킵니다. (국화꽃 추출물)

콜레스테롤의 균형을 맞추기 위한 이와 같은 4가지 작용의 결합은 혁신적입니다. 심장질환 및 중성지방 수치를 위한 바이오스 라이프의 궁극적인 장점은 아직 반밖에 설명되지 않았습니다. 신체에서 흡수하는 영양분과 당분의 수치를 자연스럽게 조절함으로써 생기는 장점은 에너지의 일정한 유지, 점진적인 체중 감소, 면역 체계 지원 등입니다. 바이오스 라이프는 균형을 잃은 콜레스테롤 수치에 대한 해결책인 동시에 영양분과 당분의 불규칙한 흡수와 관련해서 끊임없이 변화하는 콜레스테롤 수치에 대한 해결책입니다. 이런 문제에 대한 해결책의 적용은 결과적으로 우리에게 사업 기회를 제공합니다.

시장이 무르익었습니다

북미에 사는 사람들은 집중적인 광고, 신문 잡지 기사, 정부의 경고 문구 등을 통해 고 콜레스테롤의 위험에 관해 점점 더 많은 정보를 접하고 있습니다. 대형 제약 회사들은 수십억 달러를 들여 고 콜레스테롤의 위험성에 대한 교육을 대중에게 실시하고 있습니다. 게다가 혈당 수치가 오르내리는 사람들 수백만 명은 삶의 질이 저하되는 경험을 하고 있습니다. 최근의 연구에 의하면 시장의 잠재력은 미국에서만 연간 1억 3천 5백만 달러 이상입니다. 시장이 무르익었습니다. 자, 그러면 당신은 이 기회를 이용할 준비가 되어있습니까?

바이오스 라이프 프랜차이즈 기회

Bios Life Franchise Owner로서 사업을 시작하는 일은 간단합니다. 바이오스 라이프를 가능한 많은 사람들과 공유하기만 하면 됩니다. 바이오스 라이프를 이용하는 사람들은 콜레스테롤 수치가 상당히 향상된 것을 알기 때문에 이들은 당신의 우수 고객이 되어 매달 당신의 수입을 증대시킬 것입니다.

프랜차이즈 사업을 성공적으로 이끌려면 당신의 첫 임무는 고객의 저변을 단단히 다지는 일입니다. 바이오스 라이프 프랜차이즈 사업 모델은 최소한 20명의 고객을 바탕으로 합니다. 고객 확보의 속도는 당신에게 달려있습니다. 어떤 바이오스 라이프 프랜차이즈 사업가들은 고객을 매월 5명씩 늘려나갑니다. 어떤 사람들은 10명씩, 그보다 더 열심히 하는 사람은 20명씩 늘려나갑니다. 사업을 지속시키는 핵심은 성실한 고객을 최소한 20명 확보하는 일입니다. 고객이 20명인 프랜차이즈 사업가인 당신은 매월 2~3백 달러의 잉여 수입을, 즉 연간 3천 6백 달러의 수입을 올릴 수 있습니다.

당신의 프랜차이즈 사업을 두 배로 확장하기

프랜차이즈 사업을 확장하려면 바이오스 라이프 프랜차이즈 사업 모델을 다른 사람들과 공유하고 그들이 고객 20명을 확보하도록 돕기만 하면 됩니다. 이 새로운 프랜차이즈 사업가들은 당신의 프랜차이즈 사업의 확장자들이며 그들의 사업 활동은 당신의 프랜차이즈 사업을 위한 수익을 증대시킬 것입니다.

당신의 고객들 중 일부는 바이오스 라이프 프랜차이즈에 관심을 가질 것입니다. 당신의 고객층은 프랜차이즈 사업가가 될 수 있는 좋은 근원입니다. 바이오스 라이프 프랜차이즈 사업 모델은 프랜차이즈 파트너 5명을 확보하는 사업가들에게 최고의 보상을 제공합니다. 바이오스 라이프 프랜차이즈 사업 모델을 5명의 고객에게 소개하여 그들이 고객 20명을 확보하도록 도움을 주는 경우 당신은 매월 5백~7백 50달러, 즉 연간 9천 달러의 수입을 올릴 수 있습니다. 이 프랜차이즈 사업가 5명이 사업 파트너를 늘려서 사업을 확장하도록 돕는 경우 당신의 수입은 매월 2천 달러, 즉 연간 2만 4천 달러로 증가할 것입니다.

확장의 힘 – 프랜차이즈
전달식 프랜차이즈의 확보

  수익성 있는 사업 모델의 확장은 프랜차이즈를 당신이 바라는 수준으로 키울 기회를 제공합니다. 일부 프랜차이즈 사업가들은 매월 5백 달러의 별도 수입에 만족하는 반면 어떤 사업가들은 그들이 꿈꿔왔던 수준의 수입을 제공하는 사업으로 만듭니다.

  바이오스 라이프 프랜차이즈 사업 모델의 장점은 누구나 성공할 수 있다는 점입니다. 파트타임 프랜차이즈 사업가에서 전문적인 전업 사업가에 이르기까지 누구나 성공할 수 있습니다.

SUMMARY | 요약

세계적인 수준의 제품, 전세계적인 기회

생각해보십시오. 심혈관질환은 세계 최고의 사망 원인이며 높은 콜레스테롤 수치는 심혈관질환의 주요 원인입니다. 약물치료가 있기는 하지만, 자연스럽고 임상적으로 검증되었고 특허를 가진, 새롭고 완벽한 해결책이 있습니다. 그것이 바이오스 라이프입니다. 바이오스 라이프 프랜차이즈 사업은 다른 종류의 사업, 사업에 필요한 노력과 비용이 없어도 됩니다. 당신이 바라던 수익의 증가를 가져올 프랜차이즈 사업을 할 기회가 온 것입니다.

이 바이오스 라이프 프랜차이즈 사업가 설명서는 당신에게 프랜차이즈의 모든 측면을 소개하기 위해 마련되었습니다. 바이오스 라이프를 고객이 될 가능성이 있는 사람들과 공유하고 질문에 답하고 고객들의 요구를 지원하는 방법을 배울 것입니다. 당신은 또한 바이오스 라이프 프랜차이즈 사업 모델을 다른 사람들과 공유하는 방법, 가능성 있는 프랜차이즈 파트너를 구별하는 방법, 프랜차이즈 파트너를 지원하는 방법을 배울 수 있습니다. 당신은 성공에 이르는 열쇠를 배울 것이고, 성공적인 프랜차이즈로 성장하는 시험과 입증을 마친 방법을 배울 것입니다. 당신은 이미 성공에 이르는 길을 발견했습니다. 이제 당신의 목표를 달성하는 데 필요한 단계와 지금까지 생각했던 것보다 성공적인 단계를 밟아나갈 시간입니다.

2장. 바이오스 라이프 프랜차이즈
사업 시작

제 2 장

바이오스 라이프 프랜차이즈 사업 시작

당신이 바이오스 라이프 프랜차이즈 사업을 시작할 경우 출발을 잘 하는 일이 중요합니다. 당신이 시작을 하는 방식은 당신의 팀에 합류하는 사람이 사업을 시작하게 되는 방식과 동일합니다. 당신 자신이 다른 사람들이 본받았으면 하는 본보기가 된다는 점은 피할 수 없습니다. 이 사업이 확장된다는 점을 항상 기억하십시오. 당신이 하는 일은 파트너가 당신의 리더십을 본 받아서 하게 되는 일입니다. 당신의 임무는 당신이 하는 모든 일이 남들의 거울이 되는 것입니다.

당신의 사업을 올바르게 시작하는 10가지 방법

1. 바이오스 라이프 프랜차이즈 창업
2. 목표를 글로 써라
3. 당신의 임무 설정
4. 당신이 알고 있는 사람들의 목록을 작성
5. 30일 활동 계획을 작성
6. 오토십 프로그램에 등록
7. 유니시티 인터내셔널의 적절한 사업 제품 순서 설정
8. 창업을 위한 판매 보조 용품 구매
9. 명함 · 스티커 주문
10. 바이오스 라이프에 대한 지식 습득

이 10가지 방법은 사업을 시작하는 데 있어서 가장 중요한 활동입니다. 당신이 사업을 시작하려고 결정을 내리려면 48시간 이내에 당신의 스폰서와 이 단계들을 검토해 보아야 합니다. 당신이 스폰서와의 이런 단계를 전략 과정이라 부릅니다. 아직 전략 과정을 위한 시간을 확정하지 않은 경우 당신의 스폰서와 만날 약속을 정하십시오. 스폰서가 먼 곳에 있는 경우 전화로 통화할 시간을 약속하십시오.

1. 바이오스 라이프 프랜차이즈 창업

바이오스 라이프 프랜차이즈를 사업하기 전에 당신은 먼저 프랜차이즈 신청서를 작성해야 합니다.

www.makelifebetter.co.kr에서 온라인으로도 작성하거나 당신의 스폰서가 제공하는 신청서를 활용하여 작성할 수 있습니다. 계약서 작성을 위한 비용은 없으며 단지 등록을 위한 신청서만 작성한 후 제출하면 됩니다. 이러한 과정은 당신의 스폰서가 도와줄 것입니다. 또한 스마트폰에서 unicity office 앱을 활용하시기 바랍니다.

2. 목표를 글로 써라

확정한 목표를 분명하게 글로 쓰십시오. 이 단계를 소홀히 하는 사람보다 그 목표를 달성할 가능성이 훨씬 높아집니다. 이런 이유로 당신이 시간을 내서 목표를 분명히 정하기를 권합니다.

이 단계는 당신의 스폰서와 당신과 동등한 위치의 파트너들이 당신의 목표를 이해하는 중요한 단계입니다. 당신이 스스로의 목표를 이해하면 그들이 당신을 올바른 길로 인도할 가능성이 높습니다. 시간을 내서 17장에 나와 있는 『나의 목표』라는 사업 계획표를 이용하여 당신의 목표를 쓰고 당신의 스폰서와 이런 목표에 대해 토론할 준비를 하십시오.

3. 당신의 임무를 정하라

프랜차이즈를 설립하면서 당신은 사업에 어느 정도 수준의 노력을 기울일 것인지를 결정해야 합니다. 인생에서 대부분의 일처럼 성공과 기쁨은 하고 있는 일이 무슨 일이든지 간에 당신의 노력에 따라 결정됩니다. 당신의 성취를 돌이켜보면 노력 때문에 당신이 성공했다는 것을 알게 됩니다. 바이오스 라이프 프랜차이즈에 노력을 기울이는 것은 집중을 요하고 진로를 잘 잡아야 할 필요가 있을 뿐만 아니라 당신의 고객들과 파트너들에게 성공을 향한 당신의 결심을 입증하는 것입니다. 당신의 고객들이 당신이 프랜차이즈에 헌신하고 있다는 사실을 알게 되는 경우 그들이 당신이나 당신의 파트너들에게서 제품을 구매할 가능성은 좀 더 높아질 것입니다. 당신의 파트너들이 당신의 헌신을 알게 되면 당신의 노력을 도울 것이고 당신에 대한 존경심이 향상될 것입니다. 당신이 헌신의 노력을 기울이지 않는다면 당신의 목표를 달성할 가능성이 줄어들 것입니다.

목표를 성취하는데 정신적 노력이 중요할 뿐만 아니라, 시기적절한 노력도 중요합니다. 성공을 하려면 당신의 프랜차이즈를 사업처럼 다룰 필요가 있습니다. 매일 당신의 프랜차이즈에 할애할 시간을 마련하십시오. 할애 시간은 15분이 될 수도 있고 수 시간이 될 수도 있습니다. 매일 당신의 사업을 위해 특정한 시간을 할애하고 그 시간에 당신의 사업에 매진하는 일이 중요합니다. 17장에 나온 『나의 업무』라는 사업 계획표를 작성하고 당신의 스폰서와 그것을 검토하십시오.

> 사업가로서 성공에 이르는 가장 중요한
> 요소 중 하나는 당신이 알고 있는 당신의 임무를
> 수행할 원칙을 세우는 것입니다.
> 매일 같이 그 일을 하고 싶지 않을 경우에도
> 그런 원칙을 세우는 것이 중요합니다.

4. 당신이 알고 있는 사람들의 목록을 작성하라

프랜차이즈를 설립하면서 당신의 첫 번째 성공은 바이오스 라이프와 바이오스 라이프 프랜차이즈 사업 모델을 당신이 알고 있는 사람들에게 소개하는 것에서 비롯될 것입니다. 이런 이유로 우리는 당신이 알고 있는 사람들의 목록을 작성하기를 권합니다. 조용한 곳에 앉아서 시간표를 작성하고 목록 작성에 집중하십시오. 누가 관심을 가질 것이고 누가 무관심할 것인지를 미리 판단하지 마십시오. 단지 당신이 알고 있는 모든 사람들의 목록을 작성하십시오. 목록에 작성하는 이름 한 명으로 당신이 1천 달러를 받는다고 상상하십시오. 목록을 작성한 후에 목록을 처음부터 검토하십시오. 바이오스 라이프 제품을 소개하고 싶은 사람 옆에 P(제품 Product의 머리글자)를 써넣으십시오. 바이오스 라이프 프랜차이즈 사업 모델을 소개하고 싶은 사람 옆에 B(사업 Business의 머리글자)를 써넣으십시오. 사업과 제품을 소개할 수 있는 사람들이 있는 경우 당신의 첫 번째 성공은 그들로부터 비롯될 것입니다. 이 설명서 17장에 있는 『사업 계획표』는 이런 절차를 도울 것입니다. 내가 알고 있는 사람들이라는 사업 계획표는 목록을 창조적으로 작성하는 데 도움을 줄 것입니다. 새로운 이름을 생각하고 새로운 사람들을 만나면 이들을 계속해서 목록에 추가하십시오. 바이오스 라이프를 이용하고자 하는 수많은 사람들을 보기 시작하면 당신의 목록은 날마다 늘어날 것입니다.

5. 30일 활동 계획을 작성하라

17장에 있는 『나의 30일 활동 계획』이라는 『사업 계획표』를 검토하십시오. 30일 작업 계획을 당신의 스폰서와 검토하면 당신이 프랜차이즈를 창립하면서 날마다 무엇을 할 것인지에 대한 개요를 분명히 알려줄 것입니다. 성공하고자 하는 의지만으로는 부족합니다. 성공하려는 계획이 있어야 합니다. 할 수만 있다면 당신의 스폰서와 앉아서 대면하거나 전화로 통화 약속을 하여 30일 계획을 검토하십시오. 그리고 계획의 각 사항을 실천하십시오. 첫 번째 30일이 지나면 다음 번 30일 계획을 수정하고 싶어 할 것입니다.

계획을 세우는 데 중요한 점은 당신의 목표 성취로 이어질 일을 매일매일 조금씩 실천하는 것입니다. 바이오스 라이프나 바이오스 라이프 프랜차이즈 사업 모델에 관해 이야기할 사람을 하루에 두 사람으로 정하십시오. 과거를 돌이켜보면 하루에 두 사람씩 접촉을 시도하는 경우 수년 동안 수익을 가져올 프랜차이즈 사업을 성공으로 이끌 것입니다. 이 사업에서 성공으로 가는 가장 중요한 두 가지 요소는 규칙과 일관성입니다.

당신의 계획을 검토할 때 이것이 사업의 확장이라는 점을 기억하십시오. 당신이 새로운 프랜차이즈 사업가들의 스폰서가 되는 경우 파트너들은 당신에게 "스폰서님, 당신은 첫 30일 또는 60일 동안 몇 명의 고객을 사업으로 이끌었습니까?"라고 질문할 것입니다. 첫 30일 또는 60일 동안 바이오스 라이프로 더 많은 고객을 유치하면 할 수록 당신의 프랜차이즈 파트너 자신들도 같은 일을 할 수 있으리라는 확신을 더욱 갖게 될 것입니다.

당신의 본보기는 성취의 선례가 된다는 사실을 기억하십시오.

6. 오토십 프로그램에 등록하라

오토십(자동 배송 프로그램)은 매달 바이오스 라이프와 유니시티 인터내셔널 제품을 받아보는 편리한 방법입니다. 당신이 한 자동 배송 프로그램은 당신이 사용하고자 하는 제품을 포함할 수 있습니다. 또는 당신의 고객들에게 전달할 수 있는 제품을 포함할 수 있습니다.

자동배송 프로그램을 등록하는 중요한 이유 두 가지가 있습니다.

1) 매달 바이오스 라이프를 확실히 공급받습니다. 바이오스 라이프 프랜차이즈의 사업가이든 아니든 관계없이 바이오스 라이프의 모든 고객들은 자동 배송 프로그램에 등록할 수 있습니다. 이것이 제품이 떨어지는 것을 미연에 방지하는 가장 편리한 방법입니다.

2) 소비자 가격 대비 최대 40% 할인 가격으로 제품을 구매할 수 있습니다. 자동배송 프로그램을 활용할 경우 도매가격 대비 2% 이상 저렴하게 구매할 수 있으며 신청은 각 국가별 지사 및 인터넷을 통해 가능합니다.

7. 유니시티 인터내셔널의 적절한 사업 제품순서를 정하라

당신이 처음으로 하는 제품 주문은 우선적으로 당신이 첫 30일~60일 동안 이용하고 전달할 계획이 있는 제품을 고려해야 합니다. 그러나 사업을 시작하면서 어떤 제품을 구입해야 하는지를 결정하기 전에 제품을 구입하는 이유를 이해하는 일이 중요합니다.

내가 제품을 구입하는 이유는?

1) **적정량의 재고보유** – 적정량의 유니시티 제품을 가지고 있는 경우 당신은 틀림없이 좀 더 많은 제품을 전달할 것이고 좀 더 나은 고객 서비스를 제공할 것입니다. 사람들이 바이오스 라이프를 사용하고 싶다고 말할 때마다 당신은 곧바로 그들에게 전달할 수 있어야 합니다. 고객들의 제품 사용을 지연시키는 것은 시간과 판매에 손실을 가져올 것입니다.

2) **보상을 받기 시작하는 자격 갖추기** – 보상 계획을 보면 개인 구입 볼륨(PV)이 100에 이르면 보상을 받을 자격을 갖추게 되는 것을 알 것입니다. 당신의 목표는 가능한 한 빨리 100PV를 넘어서는 것입니다.

3) **제품 사용** – 바이오스 라이프와의 사업에 집중하는 경우 개인적으로 사용할 제품을 충분히 구비하고 있어야 한다는 점을 잊지 마십시오.

나의 주문량은 어느 정도이어야 하는가?

주문량을 결정할 때 신중히 고려해야 할 5가지 사항이 있습니다. 당신의 상황에 맞는 최선의 선택을 내릴 수 있도록 각 사항을 당신의 스폰서와 함께 검토하십시오.

1) 당신의 목표는 무엇이며 어느 정도의 노력을 기울이려고 하는가?

프랜차이즈를 시작할 때 당신의 주문은 당신의 목표 그리고 당신이 성취하려고 하는 것과 일치해야 합니다. 당신이 처음 30~60일 동안 바이오스 라이프를 사용하고자 하는 고객들에게 전달하기 위해서는 최소 1개 이상의 재고를 보유하고 있어야 새로운 고객이 원할 때 즉시 전달해 줄 수 있어야 합니다. 첫 30~60동안 새 고객을 10명으로 목표를 세운 경우 바이오스 라이프 10박스를 재고로 보유하고 있어야 합니다.

이런 새로운 고객들을 유니시티 인터내셔널 회원과 자동 배송 프로그램에 등록시키는 것이 당신의 목표가 되어야 하며 당신이 재고를 일정량 가지고 있어야 사업을 진행할 수 있습니다.

2) 당신의 재정적 상황은 어떠한가?

당신의 주문이 재정상황에 상응해야 합니다. 과도한 재고 보유는 오히려 당신의 상황을 악화시킬 수 있으므로 주의해야 합니다.

3) 당신의 팀 구성원들이 확대했으면 하는 주문량은 얼마인가?

이것이 확대되는 사업이라는 사실을 기억하십시오. 당신의 활동은 남의 본보기가 되어 남들이 당신의 뒤를 잇는 활동이 될 것입니다. 당신은 첫 주문을 신중히 고려해야 합니다. 그것은 당신의 파트너들에게 중요한 지침이 되며 파트너 역시 당신의 사업 형태를 복제하기 때문입니다. 대부분의 사람들은 당신이 시작했을 당시 당신이 했던 활동을 하는 경향이 있기 때문입니다.

당신이 누군가의 스폰서가 되는 경우 그 사람은 당신이 시작했을 때의 주문량에 대해 질문을 할 것입니다. 대부분의 사람들이 당신이 한 것과 같은 일을 하고 싶어 하는 것을 알게 될 것입니다.

4) 시작할 때 주문량이 많을수록 보상이 커진다.

유니시티 인터내셔널의 보상 계획은 당신의 주문량에 맞게 제공됩니다. 당신의 주문량이 많을수록 더 많은 보상을 받을 것입니다. 아래의 표는 당신의 주문량에 따른 보상의 정도를 보여줍니다. 당신이 유니시티에서 구매한 주문량이 1,000PV(누적)가 초과된 이후부터 개인 판매수당이 발생됩니다.

개인의 주문량(PV)에 따른 보상 :
누적 1000PV이후부터 월 주문 포인트가
101~250 = 5%(100PV 이상 매출액에 대하여)
251 이상 = 10%(251PV 이상 매출액에 대하여)

5) 시작할 때 주문량이 많을수록 사업 지속률이 높아집니다.

시작할 때의 주문량이 많은 사람들이 좀 더 많은 노력을 기울이게 되고 이 사업을 좀 더 심각하게 생각합니다. 노력이 적은 사람은 그만두기가 쉽습니다. 뭔가에 대한 노력이 큰 사람은 그만두기가 어렵습니다. 사업을 시작할 때 당신의 목표 중 하나는 당신 사업의 프랜차이즈 사업가들의 사업 지속률을 향상시키는 것입니다. 당신의 주문량은 당신의 수입액 뿐만 아니라, 당신을 뒤따를 사람들의 사업 지속률에도 영향을 줍니다.

8. 창업을 위한 판매보조용품 구매

당신의 프랜차이즈를 시작하면서 당신은 당장 사용 가능한 판매보조용품을 적절하게 준비하십시오. 이런 판매 소개물은 바이오스 라이프와 바이오스 라이프 프랜차이즈 사업 모델을 당신의 미래의 고객들에게 소개하는 데 이용될 것입니다. 프랜차이즈의 사업을 위한 목표와 계획에 기초하여 당신에게 알맞은 소개물을 당신의 스폰서와 상담하십시오. 판매 보조용품은 광고 소개물과 비슷합니다. 당신의 사업을 시작하는 데 필요하기 때문입니다. 16장에 나와 있는 사용 가능한 모든 바이오스 라이프 사업 보조용품의 목록을 검토하십시오.

9. 명함 · 스티커를 주문하라

바이오스 라이프 프랜차이즈를 시작하면서 미래의 고객과 동업자들에게 줄 바이오스 라이프 명함과 스티커를 만들 필요가 있습니다. 이용 가능한 명함·스티커는 몇 가지 종류가 있습니다.

당신의 스폰서의 조언을 들으십시오.

10. 바이오스 라이프에 대한 지식을 쌓아라

바이오스 라이프와 바이오스 라이프의 건강상의 혜택과 친해지면 친해질수록 당신이 사업에 성공할 확률이 높아집니다. 바이오스 라이프에 대한 지식을 쌓으려는 것이 당신의 목표가 되어야 합니다.

당신은 제품에 대해 설명할 때 확신을 갖고 이야기할 수 있기를 바랍니다. 이 설명서 13장의『바이오스 라이프 제품 설명』과 14장의『바이오스 라이프 설명 상의 요점』을 철저하게 검토하기를 제안합니다. 당신의 이 10가지 단계를 성공적으로 완수하면 당신의 사업을 시작할 준비를 갖춘 것입니다.

당신이 추진하는 모든 일에 솔선수범 및 행동으로써 방향을 제시하는 것이 항상 당신의 목표가 되어야 합니다.

SUMMARY | 요약

1. Bios Life Franchise Owner - 공식적으로 유니시티 프랜차이즈 신청서를 작성하고 서명을 하고, 유니시티 인터내셔널에서 인정한 사람을 말합니다. 프랜차이즈 사업자는 또, Businss Associate라고도 불립니다. 프랜차이즈 사업자들은 소매 고객이 아닙니다.

2. 상위 파트너(업라인) - BA의 스폰서와 각 윗단계로 계속 이어지는 스폰서

3. 하위 파트너(다운라인) - 다운라인은 유통업자를 직·간접적으로 후원하거나 그 BA의 다운라인에 있는 BA들이 직·간접적으로 스폰서하는 모든 회원들로 구성됩니다.

4. 개인 주문량(PV) - BA의 유니시티 제품 구입과 유니시티를 통해 한 달 동안 그 BA의 소비고객이 구입한 제품을 모은 점수.

5. 프랜차이즈 오피스 - 각 프랜차이즈 사업자가 이용할 수 있는 온라인 사업 관리 체계.

IMPORTANT INFORMATION

활동적인 윗단계 파트너

단계	업라인 프랜차이즈 스폰서	전화번호	비고(직급)
본인			

3장. 바이오스 라이프 마케팅

제 3 장

바이오스 라이프 마케팅

바이오스 라이프 프랜차이즈 사업가의 목표는 폭넓고 성장성 있는 고객층을 확보하는 것이어야 합니다. 단지 제품을 판매하거나 대규모 프랜차이즈 사업을 시작할 계획이 있는 경우 폭넓고 성장성 있는 고객층을 확보하는 일은 장기적인 성공을 가져오는 데 있어서 중요한 역할을 합니다. 바이오스 라이프 프랜차이즈 모델은 고객을 최소한 20명으로 유지하는 사람들에게 최고의 보상을 제공합니다.

이런 이유로 최소한 20명의 고객을 확보하는 것이 당신의 목표가 되어야 하며 당신이 모집한 고객이 당신처럼 고객을 확보하도록 가르쳐 주어야 합니다. 이 장은 영향력 있는 바이오스 라이프 제품을 공유함으로써 프랜차이즈를 성공적으로 이끄는 최상의 방법에 대해 설명합니다.

바이오스 라이프에 대한 지속적인 수요와 공급에 대한 인식

바이오스 라이프를 공유하는 방법에 대한 생각을 시작할 때 이 세계적인 제품을 마케팅할 훌륭한 기회를 인식하는 일이 중요합니다.

첫째, 심혈관질환에 관련된 시장

* 북미에 사는 성인 중 7천 5백만 명 이상이 콜레스테롤 치수가 높다.
  - 심혈관질환의 주요 위험 지표입니다.
* 스타틴 성분의 치료제를 처방하는 횟수는 연간 1억 건이 넘습니다.
* 환자 중 스타틴 성분 치료제의 복용을 중단하는 경우가 72%입니다.
* 부작용 가능성으로 인해 북미에 사는 인구 중 수백만 명이 스타틴 성분의 치료제를 복용하지 못합니다.
* 콜레스테롤 중 음식에서 비롯되는 경우는 20%에 불과합니다. 따라서 식이요법만 가지고는 문제를 해결할 수 없습니다.

둘째, 고혈당 수치로 인해 생기는 시장

* 미국인 1억 명이 극도로 높은 혈당 수치로 고생합니다.
* 혈당 수치의 급격한 증가 또는 감소는 에너지 불균형, 감정의 기복, 체중 증가, 면역 체계의 약화로 이어집니다.
* 영양분과 당을 신체에서 적절하게 흡수하는 것이 수백만 명의 사람들, 특히 건강에 좋은 음식을 섭취하지 못하는 사람들이 직면하고 있는 건강상의 관심사입니다.

심혈관계와 중성지방 수치에 대한 바이오스 라이프의 궁극적인 효과는 아직 절반밖에 설명이 되지 않았습니다. 바이오스 라이프는 또한 혈중 포도당 수치에 즉각적인 효과를 가져옵니다.

신체에서 영양분과 당을 시기적절하게 흡수하고, 꾸준히 체중을 조절하면 면역 체계가 향상됩니다.

바이오스 라이프는 자연스럽게 신체에 도움이 된다

* LDL(나쁜 콜레스테롤)의 감소
* HLD(좋은 콜레스테롤)의 증가
* 중성지방 수치의 감소
* 혈당 수치의 균형
* 영양분과 당의 자연스러운 흡수

바이오스 라이프를 사용하면 에너지 수치, 체중 감소의 가능성, 면역 체계가 향상됩니다. 바이오스 라이프에 대한 필요성과 수요는 매일 증가하고 있습니다. 인간의 삶의 질이 향상될 뿐만 아니라, 질병이 없는 좀 더 행복하고 좀 더 충만된 삶을 좀 더 오래 살 수 있을 것입니다. 최고의 장점은 프랜차이즈 사업가들이 이런 과정에 도움을 주는 데에서 보상을 받는다는 점입니다.

성공을 위한 준비

사업의 시작에 있어서 최선의 방법은 준비를 갖추는 일입니다. 자본주의 시장에서 성공을 거두려면 사업을 시작할 준비를 갖춘 후에 사업을 시작해야 합니다. 바이오스 라이프 마케팅을 시작하기 위한 준비에 필요한 것이 무엇인지를 살펴보겠습니다.

1. 분명한 목표를 정하라

17장에 있는 『나의 목표』라는 작업 계획표를 아직 완성하지 않았다면 지금 즉시 작성하십시오. 분명하게 정한 목표가 없으면 사업에서 성공하기가 어렵습니다. 단순히 사업에서 성공하고 싶다고 하는 것 가지고는 어림없습니다. 수년 동안 분명한 목표를 글로 작성한 사람은 그렇지 않은 사람보다 성공할 확률이 높다는 사실이 밝혀졌습니다.

목표에 고려할 사항은 다음과 같다.

* 당신의 첫 30, 60, 90일 동안 사업을 하도록 만들고 싶은 고객의 숫자는?
* 당신의 첫 30, 60, 90일 동안 소비 회원 중에서 사업을 하도록 만들고 싶은 소비 회원의 숫자는?
* 당신의 첫 30, 60, 90일 동안 Autoship 프로그램에 등록하기를 원하는 고객의 숫자는?
* 당신의 첫 30, 60, 90일 동안 팀볼륨(TV)의 목표는?
* 언제 1,000 OV의 골드매니저가 되고자 하는가?

아직 이에 대한 답을 하지 않았다면 지금 시간을 내서 이런 목표를 정하십시오.

2. 바이오스 라이프의 혜택을 파악하라

당신의 목표는 바이오스 라이프 제품과 그것이 소비자에게 제공하는 혜택에 대해 당신이 될 수 있는 대로 많이 아는 것입니다. 제품과 제품의 혜택에 대해 당신의 아는 것이 많을수록 제품에 대해 설명할 때 더 많은 확신을 가질 것이고, 제품 판매에 성공할 가능성이 높아집니다.

제품 교육의 주요 출처는 다음과 같습니다.

* 바이오스 라이프 제품 교육 – 13장
* 바이오스 라이프 설명상의 요점 – 14장
* 바이오스 라이프 임상 실험 – 15장
* www.bioslife.com
* 바이오스 라이프 책자
* 회사 소식지
* 특별 행사

3. 바이오스 라이프 판매 보조용품을 구입하라

바이오스 라이프 프랜차이즈 마케팅의 시작을 준비하면서 당신은 구색을 갖춘 바이오스 라이프 판매 보조용품을 구입할 필요가 있습니다. 판매 보조용품에 익숙해진 후에 이 보조용품 중 어떤 것을 당신이 사용할 것인가에 대해 당신의 스폰서에게 문의하십시오. 당신의 보조용품이 도착하면 이 보조용품을 위한 작은 상자를 만들고 이 상자를 당신의 차 트렁크에 넣거나 이 중 2~3가지를 손가방이나 손지갑에 넣고 다니십시오.

이것은 기회가 생길 때면 언제나 바이오스 라이프를 소개할 준비를 갖추는 것입니다. 당신의 연락처와 프랜차이즈 번호(회원번호)가 당신의 모든 보조용품에 표시하도록 해야 합니다. 당신이 사는 곳의 인쇄업자를 통해서 라벨을 저렴하게 구입할 수 있습니다. 이용 가능한 보조용품의 목록을 보려면 바이오스 라이프 보조용품에 관해 설명한 16장을 검토하십시오.

4. 10초 소개에 능숙해져라

바이오스 라이프 마케팅에 효과적이려면 바이오스 라이프를 언제든지 소개할 준비를 갖출 필요가 있습니다. 당신의 10초 소개는 바이오스 라이프나 바이오스 라이프 프랜차이즈를 타인에게 소개하는 경우 당신이 말하게 될 내용입니다. 당신이 알고 있는 사람들뿐만 아니라, 우리는 매일 새로운 사람들을 만납니다. 이들 중 많은 사람들이 바이오스 라이프를 필요로 할 수도 있고, 바이오스 라이프를 필요로 하는 사람들을 알고 있을 수도 있습니다. 필요한 경우 이들이 당신의 사업에 대해 알려주어야 합니다. 사람들이 가장 흔히 묻는 질문은 '당신이 하는 일은 무엇입니까?' 아니면 '어떤 종류의 일에 종사하나요?'입니다. 이런 질문을 받으면 당신이 바이오스 라이프를 소개할

문이 열리는 것입니다. 오랫동안 이런 방식이 당신이 바이오스 라이프를 판매하는데 가장 성공적인 방법 중 하나가 될 것입니다.

10초 소개의 예

* 나는 콜레스테롤 수치를 관리하는, 임상적으로 검증을 받은 세계 최고의 천연 제품을 유통하며, 사람들이 그 제품에 관련한 프랜차이즈 사업을 하는 것을 돕습니다.
* 나는 스타틴 성분의 치료제를 대체하는 안전하고, 임상실험을 거친, 단 하나뿐인 천연 제품을 유통하여 사람들이 안정적인 콜레스테롤 수치에 도달하도록 돕고 있습니다.
* 나는 시장에서 가장 효과적이고 천연의 콜레스테롤 저하 제품을 유통할 권리를 갖고 있는 사업을 운영합니다.
* 나는 사람들의 안정적인 콜레스테롤 수치에 도달하고 이를 유지하도록 돕는 제품, 스타틴 성분의 치료제를 대체하여 임상적으로 검증을 받고 안정적인 천연 제품을 유통할 배타적인 권리를 보유한 프랜차이즈를 소유하고 있습니다.
* 나는 콜레스테롤 수치를 낮추고 임상적으로 검증되어 특허를 받은 유일한 천연 제품을 유통할 권리가 있습니다.

당신의 10초 소개는 전문적으로 당신의 사업과 바이오스 라이프를 소개하기 위한 것이어야 합니다. 사람들이 좀 더 알고 싶어 하는 경우 당신에게 질문을 할 것입니다. 그렇지 않다면 질문을 하지 않을 것입니다.

이것은 매우 간단합니다. 당신의 프랜차이즈 스폰서에 좀 더 많은 아이디어를 얻은 후에 바이오스 라이프에 대한 10초 소개를 작성하십시오. 소개가 자연스럽고 소개를 할 때 당신이 편안한 것을 보여주도록 하십시오. 소개를 작성해서 그것을 수정한 후 소개할 기회가 생기는 경우 말을 더듬지 않도록 암기하십시오.

바이오스 라이프 제품 판매

바이오스 라이프 판매는 게임입니다. 당신이 좀 더 많은 사람들에게 바이오스 라이프를 소개하면 할수록 제품에 관심을 갖는 사람들을 발견할 가능성이 높아집니다. 번화가에서의 장사가 변두리에서의 장사보다 판매가 잘 됩니다. 이런 이유로 번화가의 상가 부동산이 변두리보다 비쌉니다. 원칙은 간단합니다. 사람들이 당신이 사업을 하고 있다는 사실을 모르면 당신은 제품을 유통할 수 없습니다.

당신이 종사하고 있는 사업과 당신이 제공하는 제품에 대한 사람들의 인식을 증대시키는 것이 당신의 목표가 되어야 합니다. 이 장에서 당신은 바이오스 라이프 프랜차이즈 사업가들이 프랜차이즈 사업과 바이오스 라이프를 타인에게 소개하는 기본적인 방법 몇 가지를 배우게 됩니다. 교육에 참관하고, 지역 및 전국 콘퍼런스에 참석하고, 교육을 위한 전화에 경청하고, 소식지를 받고, 다른 프랜차이즈 사업가와 대화를 나누면서 당신은 고객층을 성공적으로 확대할 방법을 좀 더 알게 될 것입니다.

1. 당신이 알고 있는 사람들의 목록을 검토하라

당신이 처음 시작했을 때 당신이 알고 있는 사람들의 목록을 만들었을 것입니다. 18장의 『가망고객 발굴 방법』 사업 계획표를 참고하십시오. 바이오스 라이프 판매에 있어서 최고의 성과는 그 목록에 있는 사람들에게 바이오스 라이프를 소개하는 것에서 올 가능성이 많습니다. 당신을 알고 당신을 신뢰하는 사람들은 당신과의 사업을 원할 가능성이 가장 높은 사람들입니다. 그들은 또한 당신을 다른 사람들에게 소개할 가능성이 가장 높습니다.

2. 사람들과 접촉하라

이메일

전문적으로 쓰인 이메일 형식으로 바이오스 라이프를 당신이 알고 있는 사람들에게 소개하는 일은 간단하고 손쉽고 편리한 방법입니다. 최상의 결과를 위해서 각 이메일을 개인에 맞춰 작성하고 개별적으로 보내십시오. 사람들이 개인적으로 전송된 이메일을 받는 경우 이메일을 읽고 답장을 보낼 가능성이 높아집니다. 이와는 달리 단체에게 보낸 이메일을 받는 경우 이메일을 읽고 답장을 보낼 가능성이 낮아집니다. 다음은 이메일의 두 가지 예에 해당합니다.

마크와 카렌에게,

두 분 모두가 건강하고 시원한 날씨를 즐기기를 바랍니다. 베브와 나는 최근에 프랜차이즈 사업을 하기로 결정했습니다. 이 프랜차이즈는 콜레스테롤 수치를 낮추는 스타틴 계열의 치료약을 유일하게 대체하는, 특허를 받고, 안전하고, 임상실험을 거친 천연 제품으로 안정적인 콜레스테롤 수치를 유지하고자 하는 사람들을 위한 프랜차이즈 사업입니다. 우리는 새로운 사업을 당신에게 간략하게 소개하고자 합니다. 고 콜레스테롤로 고생하는 사람에 대한 소식을 들으면 우리를 기억해주세요. 누군가에게 우리를 소개한다면 대단히 고맙겠습니다.

이 제품의 이름은 바이오스 라이프입니다. 이것은 의사들의 참고 자료(PDR)에 등재되어 있고 33개국에 있는 수천 명의 의료진과 의료 전문가들이 추천을 하고 있습니다. 바이오스 라이프는 나쁜 콜레스테롤인 LDL의 수치를 평균 31% 낮추었고, 좋은 콜레스테롤인 HDL의 수치를 평균 29% 증가시켰음을 임상실험을 통해 입증했습니다. 임상 실험 결과가 이와 같은 제품은 시중에 나와있지 않습니다.

이 제품이 1990년에 시장에 나온 이후 우리의 프랜차이즈 사업가들은 20억 달러가 넘는 바이오스 라이프 제품을 판매했습니다. 제품은 분명히 효능이 있고, 바이오스 라이프를 이용한 사람들은 좀 더 행복하고 건강하고 충만한 삶을 살고 있습니다. 콜레스테롤 수치에 문제가 있는 사람들에 관한 소식을 들으면 우리의 연락처를 그들에게 전해주시겠습니까? 아니면, 원하신다면 우리가 기꺼이 그들에게 연락을 하겠습니다. 우리가 그들을 최대한 존중할 것임은 두말할 나위도 없을 것입니다. 바이오스 라이프에 관해 좀 더 알고 싶으시면 무료 샘플과 함께 책자를 기꺼이 전해드리겠습니다.

우리의 제품에 관한 정보는 www.bioslife.com을 방문하시면 됩니다. 시간을 내주셔서 감사합니다.

존경하는 두분께
페트

수, 안녕.

어떻게 지내니?

잠깐 동안 내가 새로 시작한 사업에 관해 네게 이야기해주고 네 도움을 받고 싶어서 연락을 취하려고 했었어.

6개월쯤 전에 나는 사업을 시작하는 것에 대해 생각하기 시작했어. 몇몇 사업 구상을 고려한 후에 나는 바이오스 라이프 프랜차이즈 사업을 하기로 했어. 바이오스 라이프는 안정적인 콜레스테롤 수준을 유지하고자 하는 사람들을 위하여 스타틴 계열의 치료약을 대체하는, 특허를 받고, 안전하고, 임상실험을 거친 천연의 유일한 건강 기능성 식품이야. 스타틴 계열의 치료 약과는 달리 어떠한 부작용도 없으며, 콜레스테롤 개선 외에 다이어트의 효과까지 누릴 수 있지.

이것은 내과 의사들의 책상 참고 자료(PDR)에 나와있고 전 세계적으로 수천 명의 의료 전문가들이 추천을 하고 있어.

너도 알다시피 심혈관질환은 북미에서 남녀 모두에게 가장 큰 사망의 원인이 되고 있어. 매년 1백 50만 명 이상의 목숨을 앗아가지. 누군가의 건강이 나빠지고 있다면 콜레스테롤은 나빠진 건강을 가장 잘 말해주지. 한가지 부탁을 해도 되겠니? 내가 무슨 일을 하고 있는지를 기억해주기 바라. 건강하지 못한 콜레스테롤 수치로 고생하는 사람들에 대한 소식을 듣는 경우 내 연락처를 그들에게 전해주거나 나에게 그들의 연락처를 전해주겠니? 난 네 친구들을 존중할 거고 그들을 돕기 위해 내가 할 수 있는 일은 무엇이든 할 거야. 바이오스 라이프에 대해 개인적으로 알고 싶으면 네게 바이오스 라이프 책자와 샘플을 기꺼이 보내줄게.

네 우정이 고맙다. 내가 너를 위해 할 수 있는 것이 있다면 주저하지 말고 말해줘.

따뜻한 마음으로
카렌

　당신이 이메일을 보내기로 선택할 경우 당신이 이메일 주소를 알고 있는 사람의 이름 옆에 E라고 써넣으십시오. 그리고 위의 두 가지 예에 있는 내용을 이용하고 14장에 있는 『바이오스 라이프 설명 상의 요점』을 검토한 후 이메일의 초안을 작성하십시오.
　당신의 목표는 전문적으로 바이오스 라이프를 아는 사람들에게 소개하고 이들의 도움을 청하고 이메일이 너무 길지 않도록 하는 것입니다. 당신의 스폰서가 당신의 이메일을 읽고 그것이 좀 더 나은 이메일이 되기 위한 충고를 받는 일이 바람직합니다.

편지

　당신의 프랜차이즈를 소개하는 또 다른 방법은 바이오스 라이프 샘플과 책자와 함께 당신의 사업을 소개하는 편지를 보내는 것입니다. 이 방법은 이메일보다 시간과 비용이 좀 더 들지만 그 결과는 좋을 수 있습니다. 당신이 알고 있는 사람들의 목록을 살펴보고 주소를 알고 있는 사람의 이름 옆에 A를 써 넣으십시오. 이 방법을 사용하기로 계획하는 경우 편지의 초안을 작성하고 당신의 스폰서에게 당신의 편지 내용을 검토 받으십시오. 그것은 좀 더 좋은 편지가 되기 위한 절차입니다. 당신의 바이오스 라이프 명함에 당신의 연락처가 포함되었는지를 확인하십시오.

이 방법을 사용하여 보다 나은 성과를 얻으려면 3~5일 후에 편지를 보낸 사람들마다 전화를 걸어 확인하십시오.

전화

바이오스 라이프 프랜차이즈를 당신이 알고 있는 사람들에게 소개하는 이 세 번째 방법은 그들에게 전화를 거는 일입니다.

대화 도중에 바이오스 라이프 샘플과 책자를 보내겠다고 제안을 하십시오. 콜레스테롤 수치가 높은 사람들을 그들이 알고 있는지를 물어보십시오. 당신의 생각을 스폰서와 검토하여 피드백을 받는 것이 좋습니다.

당신의 기반을 확대하기
1. 바이오스 라이프에 대하여 이야기할 기회를 찾아라

당신이 잠시 생각을 해본다면 바이오스 라이프에 대해 말할 기회가 매일매일 수없이 찾아오게 됩니다. 당신이 알고 있는 사람이 잘 지내느냐고 물어볼 수도 있습니다.

"나는 잘 지내지. 물어줘서 고마워. 하는 일도 잘 되고, 가족도 잘 지내지. 하지만 지금 가장 내 흥미를 끄는 것은 내가 시작한 새로운 파트타임 사업이야."

틀림없이 그들은 당신이 어떤 사업을 하는지를 물어볼 것입니다.
"나는 안전한 천연 제품을 유통할 권리를 가지고 있어. 혈중 포도당과 콜레스테롤 수치를 안정적으로 유지하는지에 대한 임상 실험도 마쳤어. 우리에게 최대 시장은 스타틴 계열의 치료제를 복용하는 사람들이지. 우리는 그들에게 안전하고 효과적인 대체 치료제를 제공해. 나는 이 분야에서의 잠재력에 대해 흥미를 상당히 가지고 있어."

그 이상 말하지 마십시오. 그들이 제품을 필요로 한다면 질문을 추가로 할 것입니다. 필요로 하지 않는다면 그들은 당신에게 행운을 빌어줄 것이고 대화의 주제를 다른 것으로 바꿀 것입니다.

2. 효과적인 네트워킹을 마련하라

당신은 매일 새로운 사람들을 만납니다. 당신의 사업을 확대해나가기 시작하면서 당신이 이 새로운 사람들을 효과적으로 네트워킹하는 법을 배운다면 그들은 훌륭한 자원이 될 것입니다.

엘리베이터에 있든지, 식료품점에 줄을 서 있든지, 사회 활동을 하거나 칵테일파티에 있든지 간에 대화를 시작할 기회를 찾으십시오. 대화는 입고 있는 특별한 옷이나 보석처럼 간단한 것이나 날씨와 더

불어 일어날 수 있는 일에 대한 것으로 시작할 수 있습니다. 대화의 주제를 찾을 때에는 신중하고 창조적이어야 합니다. 당신과 이 사람을 연결하고 있는 공통된 끈이 무엇인지를 스스로에게 물어보십시오. 사람들에게 직업이 무엇인지를 묻는 것은 언제든지 좋은 태도입니다. 이것은 당신이 그들에게 관심이 있다는 것을 들어낼 뿐만 아니라 당신이 하고 있는 일을 말할 기회를 열어줍니다.

당신이 성실하다는 것을 분명히 하십시오. 누군가를 만날 때 악수를 힘차게 하십시오. 눈을 맞추고 웃으며 진실로 관심이 있다는 것을 보여주십시오. 가능하면 그(그녀)에게 명함을 달라고 하십시오. 이러면 당신이 바이오스 라이프 프랜차이즈 명함을 제공할 기회를 제공할 기회가 생깁니다. 네트워킹에는 가장 효과적인 방법 중 하나는 최소한의 시간을 들여서 남들과 최대한 접촉할 위치에 서는 것입니다. 미팅, 오찬 모임, 네트워크를 목적으로 특별히 계획된 이벤트를 스폰서 하는 기업체들은 좋은 기회를 제공하고 있습니다. 오늘 당신의 네트워트 기술을 개발하기 시작하면 당신의 수입이 증가할 것입니다.

3. 바이오스 라이프를 공적인 장소에서 사용하라

아무도 당신을 보지 않는 당신의 사적 공간인 집에서 바이오스 라이프를 사용하는 것보다 당신이 혼자 있든 남들과 함께 있든 바이오스 라이프를 사용해보십시오. 당신이 무엇을 사용하는지에 대해 궁금해하는 사람들이 얼마나 많은지에 놀랄 것입니다. 이것은 당신에게 제품을 설명하는 완벽한 기회를 제공합니다.

낯선 사람들과 함께 있을 경우 이것을 사용하는 것보다는 당신이 아는 사람들에게 당신이 그 제품을 자주 사용하는 것을 보여주십시오. 당신이 제품을 사용하는 것을 볼 때마다 그들은 제품과 당신이 몸담은 사업을 떠올릴 것입니다. 당신은 "그 제품 이 정말 효능이 있어요?"라고 묻는 사람들이 얼마나 많을지에 놀랄 것입니다. 다른 사람이 사용하고 싶어 할지도 모르니까 바이오스 라이프 제품을 여분으로 가지고 다니는 것도 좋은 생각입니다.

4. 미래의 고객들을 확장시켜라

당신과 관련을 맺고 있는 사람들과 제품에 대해 이야기할 기회가 있는 곳에 대한 목록을 작성하십시오. 이야기를 시작하거나 이야기를 하도록 권유받았을 때 당신이 무슨 일을 하는지를 설명하십시오. 준비를 갖추십시오. 전문가다워야 합니다. 사람들에게 정보를 제공할 방법을 찾으십시오. 사람들이 관심을 두지 않는 방식으로 이야기를 시작하지 마십시오. 사람들에게 바이오스 라이프에 대해 설명하면서 흥미를 유발하십시오. 당신의 목표는 당신이 제공하는 제품에 대해 사람들이 질문을 던지고 더 많이 알고 싶어 하도록 만드는 것입니다.

5. 관련자들이 있는지를 물어라

사람들에게 바이오스 라이프의 건강상의 효과에 대해 설명하는 과정에서 관련자들이 있는지를 물어보십시오. 바이오스 라이프로 콜레스테롤 수치를 낮춘 친구가 있을지도 모릅니다. 그는 바이오스 라이프 제품에 관심을 가진 또 다른 사람을 알고 있는지에 대해 물어볼 수 있는 완벽한 기회입니다. 사람들이 등을 돌릴 정도로 관련자들에 대한 소개를 요청하지 마십시오. 적극적이고 전문가답게 물어보십시오. 당신이 아는 사람들에게 콜레스테롤을 치료하기 위해 스타틴 계열 치료제를 복용하거나 콜레스테롤 수치가 높은 사람들을 알고 있는지도 물어볼 수 있을 것입니다.

6. 사람들의 생각의 중심부에 위치하라

미래의 고객과 현재의 고객들과 연락을 유지하는 일은 고객층을 확장하는 데 필수적입니다. 바이오스 라이프에 관한 것을 사람들에게 보낼 모든 기회를 놓치지 말아야 합니다. 그것은 새로운 책자, CD나 미디어, 영상 자료와 같은 소식지를 포함합니다. 한꺼번에 너무 많이 보내지 않도록 주의하십시오. 적당한 자료를 지속적이고 꾸준히 제공하는 것이 중요합니다.

7. 바이오스 라이프 서명 파일을 이메일에 추가하라

맨 밑에 작은 마케팅 메시지를 담은 이메일을 받아본 적이 있습니까? 이것이 서명 파일입니다. 대부분의 이메일 프로그램은 마케팅 메시지를 가진 서명 파일을 구성합니다. 마케팅 메시지는 이메일의 끝부분에 나타납니다. 이메일 끝에 메시지를 약간 남기면 당신의 이메일 수신자 모두에게 당신은 바이오스 라이프 사업에 대해 알려주게 됩니다. 여기에 이메일 끝부분에 당신이 표시하고 싶어 할지도 모르는 내용의 몇 가지 예가 있습니다.

* 바이오스 라이프 프랜차이즈 사업가 – 안정적인 콜레스테롤 수치를 얻기 위해 스타틴 계열 치료제를 대체하는, 안전하게 임상실험을 거친 유일한 천연의 기능성 식품
* 바이오스 라이프에 대해 내게 물어보십시오 – 이용 가능할 수 있고 가장 많이 팔리는 콜레스테롤 저하 천연 건강 기능성 식품
* 콜레스테롤 수치가 높으신가요? 혈액의 흐름을 향상시키는 스타틴 계열의 화학약품을 대체하는 최고의 천연 건강 기능성 식품인 바이오스 라이프에 대해 제게 물어보십시오. 바이오스 라이프를 필요로 하는 사람들을 구별하는 방법에는 여러 가지가 있지만, 이것이 가장 기본적인 방법들입니다. 교육에 참관하고 회사 주관 제품 및 사업설명회에 응하고 소식지를 읽고 또 다른 프랜차이즈 사업가들과 이야기를 나누면서 당신은 고객층을 넓히는 여러 다른 방법을 알게 될 것입니다.

당신의 우선 목표는 사람들이 당신이 몸담고 있는 사업과 바이오스 라이프의 혜택에 대해 알리는 것임을 기억하십시오. 그들이 지금은 관심이 없을지 모르지만 미래에는 관심을 가질 수 있습니다. 그들이 앞으로 받을 혈액 검사 후에 콜레스테롤 수치가 높은 것을 알게 되면 당신은 그들이 당신을 생각하기를 바랄 것입니다. 그들이 콜레스테롤로 걱정을 하는 가족과 친구들에게 이야기를 하면서 그들이 당신 얘기를 하기를 당신은 바랄 것입니다.

다른 사업에서처럼 바이오스 라이프 사업을 성공적으로 이끄는 데에는 시간이 필요합니다. 당신이 사업에 몸담고 있는 시간이 길고 당신이 제공하는 내용을 인식하는 사람들이 많으면 많을수록 당신의 프랜차이즈는 성장할 것입니다.

결국 전문가로서 프랜차이즈를 설립하고 무례하고 사려 깊지 않은 접근으로 사람들이 등을 돌리도록 해서는 안 됩니다.

> 당신이 대접받고 싶어 하는 방식으로
> 남들도 대접받고 싶어 한다는 사실을
> 명심하십시오.

바이오스 라이프의 장점 설명

바이오스 라이프의 필요성을 인식하고 있는 사람들을 발견한 경우 당신은 바이오스 라이프의 장점을 효과적으로 설명해야 합니다. 이것이 제품과 제품의 긍정적인 결과를 당신이 숙지하도록 권유하는 이유입니다. 또한 14장에 있는 바이오스 라이프에 대한 설명 상의 요점을 숙지하는 것도 중요합니다.

사람들이 바이오스 라이프에 대한 관심을 표시하는 경우 당신은 제품과 제품의 장점을 바로 설명할 수 있어야 합니다. 제품을 사용한 사람들의 성공적인 이야기를 함께 하는 것은 언제나 효과적이므로 제품을 통해 효과를 보신 분들의 이야기를 전달하십시오.

열쇠는 기회가 있을 때 제품과 제품의 장점을 소개할 준비를 갖추는 것입니다. 이 단계에서 가장 중요한 것은 제품과 제품의 장점을 소개할 준비가 되면 단순히 소개 책자나 CD 혹은 미디어, 영상 자료를 건네주거나 판매하기 위해 고객이 될 가능성이 있는 사람들에게 웹사이트를 소개하는 경우보다 많은 제품을 전달할 것이라는 점입니다.

SUMMARY | 요약

팀 볼륨(TV) - 프랜차이즈 사업자의 개인 주문량, 직접 소개한 프랜차이즈 파트너들과 소비 고객들의 주문량, 바이오스 라이프 한 상자를 사려는 결정을 얻어내는 것은 어렵지도 복잡하지도 않으며 특별한 판매 기술을 요하지도 않습니다. 당신의 미래의 고객이 바이오스 라이프를 필요로 하고 당신이 제품을 적절하게 소개하는 경우, 제품 구입 결정을 얻어내는 일은 쉽습니다. 우리는 집요한 판매 전략을 신뢰하지 않습니다.

4장. 고객에게서 구입 결정을
얻어내기

제 4 장

고객에게서 구입 결정을 얻어내기

당신의 목표를 기억하라 (Remember Your Goal)

당신의 잠재적인 고객에게 바이오스 라이프를 소개할 때 제품한 상자를 전달하는 것이 당신의 1단계 목표임을 항상 기억해야 합니다. 이것은 당신이 기회가 있을 때마다 바이오스 라이프에 대해 확신을 갖고 소개할 준비를 갖추는 이유입니다. 프랜차이즈 사업가는 잠재적인 고객들에게 검토할 제품을 제공만 하기 때문에 판매를 하지 못합니다. 이렇게 하면 판매가 주춤해집니다. 바이오스 라이프를 잘 설명하는 경우 대부분의 사람들은 결정을 내리기 전에 추가 설명을 필요로 하지 않습니다.

따라서 설명할 당시에 결정을 내릴 것이라는 확신이 들지 않으면 그들에게 제품을 제시하지 마십시오. 당신의 설명이 확신에 차 있고 정보를 제대로 전달하는 경우 제품에 대한 당신의 추천만이 제품 판매에 필요한 전부입니다.

비용을 설명하라

바이오스 라이프 제품과 제품의 장점을 모두 설명한 후에 당신은 당신의 미래의 고객의 관심을 파악해야 합니다. 당신의 고객이 경제적 부의 축적에 흥미를 가진 경우 자동 배송 1년 프로그램에 무료배송되며, 또 도매가 대비 2% 이상의 할인 혜택을 받을 수 있음을 설명하십시오.

바이오스 라이프의 한 달 치는 60회 분량이며 이것의 가격은 일반적으로 120달러이지만, 당신이 자동 배송 프로그램에 등록을 하는 경우 단지 90달러입니다. 또한 운송비가 무료이기 때문에 이것은 좋은 상품입니다.

고객이 구입 결정을 내릴 때까지 자동 배송 프로그램의 자세한 사항에 대한 설명을 피하십시오. 그렇지 않으면 판매를 복잡하게 만들어 구입 결정으로 이어지기가 더 어려워집니다.

환불 보장

고객에게 제품이 90일 이내에 구입비 전액의 환불 프로그램이 있다는 사실을 알려주십시오. 어떤 이유로 고객이 제품에 만족하지 않는 경우 유니시티는 기꺼이 환불해 주고 있습니다. 환불이 보장된다는 사실을 아는 고객들이 제품 구입에 보다 편안한 느낌을 가질 것입니다. 자세한 내용은 각 국가별 지사에 확인 바랍니다.

결정을 권하라

다음은 이처럼 훌륭한 제품의 건강상의 장점을 누리고 싶어 하는 고객에게 구입 결정을 받아내는 것입니다. 구입을 권하는 몇 가지 공통된 방법은 다음과 같습니다.

* 당신이 들은 내용을 바탕으로 바이오스 라이프 제품을 사용하기 전에 알고 싶은 또 다른 내용이 있나요?
* 당신은 콜레스테롤 수치가 높으니까 가능하면 빨리 바이오스 라이프 제품을 사용할 필요가 있어요. 환불이 보장되는 제품이니까 손해 볼 거 없잖아요. 사용을 시작할 준비가 되었나요?
* 당신의 콜레스테롤 수치가 아주 높아요. 당장 바이오스 라이프 제품을 시작하지 않을 이유라도 있나요?
* 바이오스 라이프 제품의 건강상의 혜택을 누릴 준비가 되었나요?
* 환불 보장으로 당신은 손해 볼 것이 없습니다. 이런 생각으로 앞으로 바이오스 라이프를 사용해 보시지 않으시겠습니까?

고객에게서 구입 결정을 얻어내기

환불 보장으로 당신은 손해 볼 것이 없습니다.

구입 결정을 얻어내는 열쇠는 그들에게 권하는 것입니다. 바이오스 라이프를 마케팅하기 시작하면서 당신에게 알맞고 편안한 방식이면 어떤 방식으로든 결정을 권하십시오.

자주 묻는 질문

당신의 잠재적인 고객들 중 일부는 구입 결정을 하기 전에 한가지 이상의 질문을 할 것입니다. 다음은 가장 흔히 하는 질문과 바람직한 대답입니다.

1. 이 제품을 복용하기 전에 의사와 상담해야 하나요?

건강을 염려한다면 언제나 의료진과 상담을 해야 합니다. 그러나, 바이오스 라이프는 식품이지 약이 아닙니다. 사실 고 콜레스테롤이나 당뇨로 약을 복용하는 경우 바이오스 라이프는 더욱 큰 효과를 발휘할 것입니다.

2. 바이오스 라이프가 그렇게 좋다면 의사가 왜 내게 권하지를 않았을까요?

의사가 바이오스 라이프를 모를 가능성이 있습니다. 의사들 대부분은 환자에게 스타틴 계열의 치료제를 처방함으로써 고 콜레스테롤을 치료하도록 교육받습니다. 스타틴 계열의 치료제는 의사의 처방이 있어야 복용할 수 있기 때문에 스타틴 계열의 치료제는 마케팅에 수십억 달러의 돈을 쓰고 있습니다. 사실상 의사 9명 당 제약회사 영업사원 1명의 비율로 마케팅을 하고 있습니다. 이들 영업사원의 주요 업무는 의사들로 하여금 그들 회사의 약을 처방하도록 하는 것입니다. 의사들이 바이오스 라이프에 대해 듣는 것은 주로 제품으로 좋은 결과가 있었던 환자와 의료계의 동료로부터입니다.

바이오스 라이프는 의사 참고 자료(PDR)의 목록에 있으며 전 세계적으로 수천 명의 의료진의 추천을 받습니다.

3. 바이오스 라이프가 내가 복용하는 약에 방해가 될까요?

바이오스 라이프는 식품에 기초한 제품이므로 의약품에 방해가 되지 않습니다. 당신이 복용하는 약의 효과를 극대화하려면 바이오스 라이프를 먹기 30분 전에 약을 복용하기를 권장합니다.

4. 바이오스 라이프만을 복용함으로써 콜레스테롤 저하 치료제 복용을 중단할 수 있나요?

의사와 먼저 상담하지 않고 처방 치료제 복용을 중단할 수 없습니다. 병행하시면 더욱 효과적입니다.

5. 혈압 낮추는데 바이오스 라이프가 도움이 되나요?

수없이 많은 경우에 고혈압은 체중 증가와 정비례합니다. 많은 사람들이 바이오스 라이프를 복용하면서 체중 감소를 경험합니다. 이런 체중 감소는 혈압 감소로 이어지기도 합니다.

6. 당뇨나 당뇨 바로 전 증상이 있는데, 바이오스 라이프를 사용할 수 있을까요?

당신이 당뇨 증상이 있다면 바이오스 라이프는 많은 도움을 줄 것입니다. 바이오스 라이프는 건강에 좋은 식품이고 혈당과 혈압 수치를 자연스럽게 안정적으로 유지하는 데 도움이 될 수 있습니다.

7. 바이오스 라이프에 부작용이 있나요?

바이오스 라이프는 식품에 기초한 제품이기 때문에 부작용은 사실상 긍정적인 것입니다. 이런 부작용에는 체중 감소, 결장(結腸)의 호전, 혈당 수치의 정상화, 이 밖의 여러 가지 생물학적 장점이 있습니다. 당신의 몸이 섬유소 섭취에 익숙하지 않다면 일시적으로 몸에 가스가 생길 수도 있습니다. 이것은 당신의 몸이 증가한 섬유소에 적응하면서 2~3일 후면 사라집니다.

8. 가격은 왜 그렇게 비싼가요?

바이오스 라이프가 제공하는 많은 장점을 고려하면 대체 치료제에 비해 가격이 비싼 것이 아닙니다. 사실상 스타틴 계열 치료나 즉석 음식의 일반적인 가격의 일부에 지나지 않습니다. 하루에 3달러로 바이오스 라이프만의 효과를 누리십시오.

9. 바이오스 라이프는 FDA 승인을 받은 제품인가요?

FDA(식품 의약청)는 국민이 먹는 건강기능식품과 의약품의 안정성을 검사하고 승인하는 기관입니다. 바이오스 라이프의 성분은 FDA(식품 의약청) GRAS의 목록에 들어있습니다. 지난 30년 이상 20억 달러 이상의 바이오스 라이프 제품이 몸에 해로운 부작용 없이 판매되었기 때문에 당신은 안전한 제품을 사용하고 있다고 확신하셔도 됩니다.

이와 같은 질문에 당신이 대답한 후에 고객이 구입하기로 결정하기 위해 제품에 대해 또 어떤 사항을 알릴 필요가 있을지를 스스로에게 물어보십시오.

신뢰를 쌓아라

당신의 미래의 고객들이 바이오스 라이프를 사용하기 위한 결정을 내릴 준비가 되어있지 않은 경우 결정을 내리기 위해 더 알고 싶은 내용이 있는지를 물어보십시오. 만족스러운 대답을 해준 후 결정 의사를 물어보십시오. 관심이 있지만 결정을 내리지 못할 경우 당신은 제품과 회사에 대한 그들의 믿음을 줄 필요가 있습니다.

1. 그들과 함께 있는 경우 바이오스 라이프 명함, 제품 샘플, 책자, CD나 미디어, 영상 자료와 바이오스 라이프 보조용품 등을 그들에게 주십시오. 그리고 이런 것들로 추후 상담을 위한 시간 계획을 세우십시오.
2. 전화로 설명하는 경우 고객에게 웹사이트(www.makelifebetter.co.kr)를 알려주고 추후의 상담을 위한 시간을 정하십시오. 당신은 제품의 샘플과 함께 한 두 가지 보조용품을 보내고 싶어 할 수도 있습니다.

유니시티 인터내셔널의 회원가입시 장점

당신의 고객들이 바이오스 라이프를 사용하기 위해 구입 결정을 내리면 회원가입을 제안하십시오. 회원가입 시의 장점을 소개해야 합니다. 유니시티의 회원은 소매가보다 30% 할인된 가격으로 제품을 구입할 수 있습니다. 또한 일정액 이상 구매 시 운송비가 면제됩니다.

　당신의 고객들이 바이오스 라이프가 제공하는 건강상의 모든 혜택을 즐기려면 제품을 매일 사용할 필요가 있다는 사실을 이해하는 일이 중요합니다. 의사가 고 콜레스테롤를 위해 스타틴 계열의 치료제를 처방한 경우 30일 분량의 처방을 내리지는 않습니다. 환자가 스타틴 계열의 치료제로 콜레스테롤을 낮추는데 성공해서 약의 복용을 중단하는 경우 콜레스테롤 수치는 곧바로 올라갑니다. 바이오스 라이프를 매일 사용하는 경우 지속적인 효과가 있다는 사실을 알아야 합니다.

　당신이 자동 배송 프로그램으로 새로운 고객을 유치했다면 당신과 그 고객 모두에게 도움이 됩니다. 그 고객에게 도움이 되는 이유는 더 이상의 추가 주문 없이 매달 받을 수 있기 때문입니다. 1년 자동 배송 프로그램에 가입하면 도매가격 대비 2% 이상을 할인받고 운송비 면제의 혜택을 받습니다. 당신의 고객이 좋은 경험을 하는 것을 돕고 매달 추가 수입을 올리기 때문에 당신에게도 도움이 됩니다.

　자동 배송 프로그램의 혜택을 설명할 때 제품 배달은 고객이 원하면 중지할 수 있다는 점을 언급해야 합니다. 매달 바이오스 라이프를 받아보기를 중지하기를 원할 경우 유니시티에 전화를 걸어 FAX로 전송하기만 하면 됩니다. 취소를 쉽게 할 수 있다는 점을 설명하면 고객들이 편안함을 느낄 것입니다. 바이오스 라이프 판매를 시작하면서 이처럼 간단한 과정에 안심을 할 것입니다. 질문 사항이 있으면 프랜차이즈 스폰서나 업라인 스폰서들이 당신을 기꺼이 도울 것입니다.

유니시티 인터내셔널 회원으로 고객을 등록시키십시오

유니시티 인터내셔널의 자동 배송 프로그램에 고객을 신속하게 등록시킬 수 있는 방법에 대한 검토를 시작해 봅니다.

1. 구두 계약을 얻어내라

회원 및 자동 배송 프로그램의 비용 절감과 편리함에서 혜택을 받고 싶은지를 고객에게 물어볼 수 있습니다. 그들이 구두로 약속하는 경우 미팅 일정과 약속시간을 선정하며, 미팅 시 회원가입서류 및 자동 배송 프로그램 신청서를 준비 후 미팅을 진행하십시오.

2. 회원가입 계약서를 작성하라

당신의 고객이 회원 및 자동 배송 프로그램에 등록하는데 동의한 경우 고객과 함께 가입신청 계약서를 작성하십시오. 그리고 고객에게 아랫부분에 서명으로 계약서 내용에 동의함을 확인받으십시오. 그 후 팩스로 고객 서비스 센터에 연락할 수 있습니다.

3. 고객을 온라인 www.makelifebetter.co.kr에 등록시켜라

고객은 회원가입과 자동 배송 프로그램을 온라인으로 등록할 수 있습니다. 많은 고객이 온라인으로 등록할 수 있는 반면 당신이 그들을 대신해서 등록할 것을 제안하는 일은 언제나 보다 더 바람직합니다. 고객을 위해 등록 절차를 간소화할 수 있는 일은 무엇이든지 당신의 성공률을 높여줍니다. 자동 배송 프로그램에 고객을 등록시키는 경우 고객이 제품을 매달 받아볼 수 있고 매달 카드로 결제된다는 점을 고객이 이해했는지를 확인하십시오.

회원가입을 한 회원에게 바이오스 라이프를 사용하도록 하십시오

고객이 회원과 자동 배송 프로그램에 등록하는데 동의를 얻어낸 후 고객이 바이오스 라이프를 오늘부터 시작하고 싶은지를 물어보십시오. 대부분의 경우 고객들은 제품을 당장 사용하고 싶어 합니다. 당장 사용하고 싶어 하는 경우 당신이 가지고 있는 바이오스 라이프를 회원가격에 판매하십시오.

바이오스 라이프를 고객에게 판매할 경우 고객 서비스 상담자에게 익월부터 자동 배송을 시작할 것이라고 말해야 합니다. 그렇지 않으면 첫 번째 주문이 자동 배송을 시작하는 동시에 배달될 것입니다. 고객 서비스 센터에 계약서를 팩스로 보내는 경우 첫 번째 주문이 언제 도착하는지를 분명히 명시해야 합니다.

지속적인 고객을 발굴하십시오

지속적인 고객 발굴을 통해 당신은 사업의 크기를 확장시킬 수 있습니다. 당신이 고객을 발굴하지 않으면 당신의 파트너 프랜차이즈 오너 역시 고객 발굴을 소홀히 할 것입니다.

5장. 고객의 제품 사용 시작 돕기

제 5 장
고객의 제품 사용 시작 돕기

당신의 고객이 바이오스 라이프 제품 구입에 동의하면 당신의 목표는 고객이 제품 사용을 가능한 한 빨리 시작하도록 하는 것입니다. 고객이 비용 절약과 편안함을 즐길 수 있도록 자동 배송 프로그램에 등록시키는 일이 당신의 목표가 되어야 합니다. 아직 4장을 읽지 않았다면 이 부분을 읽기 전에 4장을 먼저 읽어 보십시오.

1. 당신이 보유한 제품을 판매하라

당신이 보유한 바이오스 라이프를 판매하는 것이 신규 고객을 개척하는 최선의 방법입니다. 바이오스 라이프 제품을 보유하고 있으면 제품을 신속하게 전달할 수 있고 보다 높은 수준의 서비스를 제공할 수 있습니다. 사람들이 무엇인가를 원할 때 그들은 다음 주가 아니라 지금 당장 그것을 원합니다. 당신이 보유한 제품을 판매하면 고객을 만나서 제품을 설명하고 또 다른 제품을 제안하고 고객과의 관계를 돈독히 할 수 있습니다. 소매가격과 도매가격의 차액인 35% 이상 소매이익을 보실 수도 있습니다.

2. 고객을 대신해서 제품을 주문하라

바이오스 라이프 제품의 구입을 원하는 고객이 있는데 당신이 보유하고 있는 제품이 없다면 고객을 대신해서 고객 서비스 센터에 주문을 해야 합니다. 이런 방법을 사용하는 경우 몇 가지 선택사항이 있습니다.

* 주문을 대행하십시오. 제품이 고객에게 직접 배달될 수 있도록하십시오. 이것을 선택할 경우 제품이 도착하면 기본적인 사용법을 검토할 수 있도록 제품이 고객에게 도착할 시점에 맞춰 전화를 하십시오.

3. 고객 서비스 센터에서 직접 주문하는 방법을 고객에게 설명하라

당신의 고객이 고객 서비스 센터에 무료 주문전화를 걸어서 바이오스 라이프를 회사에서 직접 구입할 수 있습니다. 이 방법의 문제는 고객이 주문하기 위해 회사에 직접 연락해야 한다는 점입니다. 결과적으로 많은 고객들이 유니시티 인터내셔널에 전화를 걸지 않을 수 있습니다.

고객이 전화를 걸어 회사에서 직접 구입하는 경우에는 몇가지 단계를 밟아야 합니다.

* "유니시티" 무료 주문 전화번호 〈국가별로 확인하십시오〉를 고객에게 알려주십시

오.(☎ 1577-8269)

* 제품 번호와 가격을 알려주십시오.
* 당신이 프랜차이즈 사업가가 되었을 때 당신에게 부여된 프랜차이즈 ID번호를 알려 주십시오.

4. 당신의 개인 유니시티 웹사이트를 통해 고객이 제품을 구입하도록 하라

고객에게 웹사이트를 알려주는 경우 무슨 일을 해야 하는지를 분명하게 설명하십시오. 개인 웹사이트가 없는 경우 만드는 것에 대해 생각해 보십시오.

만들 때까지 고객이 www.makelifebetter.co.kr에서 제품을 구입하도록 하십시오. 고객에게 웹사이트를 알려주는 경우 당신이 보상을 받을 수 있도록 당신의 프랜차이즈 ID번호를 알려주십시오. 당신의 개인 웹사이트를 만드는 것에 대한 정보는 상위 스폰서와 상의하십시오.

제품을 사용하는 방법의 시범을 보여라

당신이 보유하고 있는 바이오스 라이프를 새로운 고객에게 판매할 때마다 바이오스 라이프 컵을 추가로 주문하십시오. 고객에게 컵을 주면 제품을 제때에 사용할 수 있도록 도울 뿐만 아니라 제품의 사용을 기억하도록 하는 역할을 할 것입니다. 당신이 고객과 함께 있을 때 컵에 물을 적당량 넣고 바이오스 라이프 가루를 넣은 다음 흔드십시오. 그런 다음 고객에게 그것을 마시도록 하십시오. 이 방법은 시작하기에 좋은 방법입니다. 그것은 제품을 사용하는 방법이 얼마나 쉬운지를 그들에게 보여주고 그들이 가지고 있을지도 모르는 질문에 대한 답을 해주기 때문입니다.

프랜차이즈 사업가는 새로운 고객들을 집으로 데려와서 바이오스 라이프 판매용 보조용품과 제품 카다로그를 보여주는 경우가 많습니다. 고객들은 유니시티 인터내셔널이 제공하는 또 다른 훌륭한 제품에 대한 정보를 알 수 있고 바이오스 라이프에 대한 그들의 믿음을 지속적으로 쌓을 수 있습니다. 바이오스 라이프의 보조용품은 또한 바이오스 라이프에 대해 알고 싶어하는 사람에게 유용합니다.

당신과의 사업을 원하는 만족스럽고 행복한 고객층을 확보하는 일을 최우선시 하십시오. 당신과 거래를 한 사람 중에서 당신에게 질 좋은 서비스를 제공하여 인상적이었던 사람을 생각하십시오. 당신에게 서비스를 제공하는 사람들을 지켜보고 그들이 무엇을 잘 할 수 있는지와 무엇을 더 잘 할 수 있는지를 생각해 보십시오. 당신이 받았던 서비스에 초점을 맞춘다면 당신이 당신의 고객들에게 서비스를 제공할 계획을 세우는데 유용한 생각을 수집할 수 있을 것입니다.

6장. 고객 지원

제 6 장

고객 지원

당신과의 사업에 만족해하며 행복해하는 고객을 확보하는 일을 최우선시 하십시오. 당신의 소비자 중에서 수준 높은 서비스를 제공받는 사람들은 그 경험을 바탕으로 사업을 진지하게 고려할 것입니다. 즉 이 비지니스의 진실을 알게 되는 것입니다.

> 새로운 고객을 확보하는 것보다
> 기존의 고객을 계속 보유하는 것이
> 보다 쉽고 보다 경제적입니다.

좋은 고객 서비스

친절한 고객 지원과 서비스는 많은 고객의 보유와 판매 증가로 이어집니다.

1. 판매 기록을 정확히 작성하라

고객이 바이오스 라이프 한 상자를 살 때마다 판매를 기록부나 일지에 기입하여야 합니다. 프랜차이즈 사업가는 일반적으로 컴퓨터, Green Book에 기록합니다. 기록을 할 때에는 당신이 고객을 지원하는 데 도움이 되는 정보를 포함하십시오.

* 고객의 이름과 연락처
* 구입한 제품
* 구입 일시
* 회원 및 자동배송 프로그램 활동
* 다음으로 예정된 확인 전화 일시
* 기억하고 싶은 정보, 사실, 설명
* 소비자도 소비자 가격은 꼭 받으셔야 합니다.

2. 고객들의 꾸준한 제품사용을 권장하십시오.

당신의 모든 고객에게 해야 할 일 중 하나는 제품이 주는 모든 혜택을 경험하고자 한다면 권장 사용방법을 준수하는 일의 중요성을 강조하는 일입니다.

만약 고객이 바이오스 라이프의 30일치 분량을 복용하는 데 40일이 걸렸다면 당신의 고객은 제품의 혜택 모두를 경험하지 못할 것입니다.

3. 제품 사용 후에 나타나는 결과를 기록하라

고객이 제품을 제대로 사용하고 바라는 결과를 얻고 있는지를 확인하십시오. 바이오스 라이프를 판매할 때 고객이 의도한 혜택을 느낄 수 있도록 제품의 사용법을 정확하게 이해하는지를 확인하십시오. 고객이 제품을 제대로 사용하지 않는 경우 그들이 바라는 결과를 얻을 수 없습니다. 예를 들어 고객이 바이오스 라이프를 첫째 날 3팩을 복용하는 경우 너무나 많은 섬유질을 복용하여 적응증을 경험할 수 있습니다. 이런 경우 고객은 제품을 환불하거나 제품을 다시 주문할 결심을 하지 않을 수 있습니다.

4. 3일 이내에 각 고객에게 확인 연락을 하라

판매 후 고객이 제품을 사용하기 시작했는지와 긍정적인 경험을 하고 있는지를 확인하십시오. 고객이 제품 사용에 대한 질문이 있는지를 물을 수 있는 기회가 될 것입니다. 대부분의 사람들은 이런 종류의 서비스에 고마움을 느끼게 됩니다. 어떤 경우 당신의 고객은 당신이 전화하지 않았으면 당신이 모를 수도 있는 질문을 할 수도 있습니다.

보통 당신의 전화는 어떤 고객에게는 제품을 사용하기 시작하는 알림 전화의 구실을 합니다. 제품을 받은 후 3일 동안 새로운 고객마다 확인 전화를 하십시오. 당신이 보유한 제품을 판매한 경우 제품을 사용하기 시작한 날을 당신은 기억할 것입니다.

바이오스 라이프를 유니시티 인터내셔널에서 보내는 경우 제품의 도착일을 계산해서 그 날짜에서 3일 후에 확인 전화를 하십시오. 이런 전화의 목표는 고객이 제품을 받았는지를 확인(유니시티 인터내셔널에서 배달된 경우)하고, 고객이 제품을 사용한 후 긍정적인 효과를 보고 있는지를 확인하고 질문에 답하는 것입니다.

전화 내용의 예

안녕 팀, 나는 조야, 잘 지내지? (가능하면 간단히 전화를 진행하십시오.)

당신이 바이오스 라이프를 어떻게 사용하고 있는지와 의문나는 점이 있는지를 알기 위해 확인전화를 하고 싶었어.

음성 메시지의 예

안녕 존, 난 메리예요. 바이오스 라이프를 어떻게 사용하고 있는지와 의문나는 점이 있는지를 알기 위해 확인전화를 하고 싶었습니다. 기회가 있으면 내게 잠깐동안 전화를 주십시오.

내 전화번호는 010-8888-8888 (천천히 말하십시오). 다시 한번 말씀드리는 데 010-8888-8888 입니다. 당신으로부터 전화를 받지 못하면 내가 2주 후에 확인 전화를 걸겠습니다. 안녕히계세요.

이같은 내용이 마음에 들지 않는 경우 전화를 하기 전에 내용을 쓰거나 타이핑하십시오. 준비를 갖추고 친절하게 대하십시오. 제품을 정기적으로 사용하지 않는 고객의 경우 하루에 두 번 식사 전에 제품을 복용하도록 유도하십시오. 제품을 예정된 시간에 복용하도록 기억하는 데 도움이 되었던 몇 가지 방법을 그들에게 말해 줄 수 있을 것입니다.

5. 21일 후에 각 고객에게 확인전화를 하라

당신의 고객이 지시대로 제품을 사용하고 있다면 21일 후에는 9일치 복용량밖에는 남지 않을 것입니다. 이번 확인 전화를 그 고객에게 당신이 세웠던 목표를 달성하는 방법으로 생각하십시오. 확인 전화에서 고려할 사항이 몇 가지 있습니다.

* 관계를 강화하기 위해 노력하라.
* 그들의 건강을 진정으로 돕고 싶은 마음을 표현하라.
* 제품을 하루에 두 번 사용하도록 하라.
* 제품을 사용한 경험에 대해 이야기하라.
* 그들이 궁금해하는 사항에 대답하라.
* 회원 및 자동배송 프로그램의 장점을 설명하라.
  (고객이 아직 등록을 하지 않은 경우)
  긍정적인 결정을 이끌어내서 이 프로그램에 그들을 등록시켜라.
* 관련 제품을 소개하십시오.
  오메가라이프-3와 셀룰라 에센셜 플러스 팩이 바이오스 라이프 고객들이 흔히 구입하는 제품들입니다.
* 다른 제품을 소개해서 판매를 증가하는 방법을 강구하라.

* 고객이 궁금한 점이 있을 때마다 당신에게 전화하도록 격려하라.

6. 가능하다면 확인 전화를 계속하라

한 두 가지의 제품을 이용하는 고객층을 확대하면서 당신은 확인 전화를 때때로 하고 싶어할 것입니다. 확인 전화에서는

* 관계를 지속적으로 강화합니다.
* 그들의 건강을 염려하고 있음을 보여준다.
* 당신이 하고 있는 일에 있어서 당신에 대한 신뢰를 강화합니다.
* 가능하면 또 다른 제품을 소개합니다.
* 그들이 아는 사람들을 소개받는다.

7. 우정과 감사의 마음을 표현하라

당신의 고객에게 당신이 그들과 그들의 사업에 감사하고 있다는 점을 보여주기 위해 당신이 할 수 있는 일은 거의 없습니다.

휴일에 보내는 카드처럼 간단할 수도 있습니다. 사람들은 사업에 대해 당신의 우정과 감사의 마음을 들어내는 작은 것들에 고마워합니다.

8. 책임감을 가져라

훌륭한 서비스를 제공한다는 것은 사람들이 사업을 하는 전문인들

로부터 기대하는 모든 행동을 한다는 것을 의미합니다.

* 고객이 전화를 하는 경우 24시간 이내에 응답전화를 합니다.
* 당신에게 이메일을 보내는 경우 24시간 이내에 답메일을 보낸다.
* 고객이 더 많은 제품(자동배송 프로그램에 등록하지 않고)을 원하는 경우 최대한 빠르고 편리하게 그것을 배달하도록 조처합니다.
* 고객의 질문에 대한 답을 모르는 경우 24시간 내에 답을 알려 주겠다고 말하십시오. 그리고 가능한 한 빨리 질문에 답하기 위해 고객 서비스 센터나 상위 스폰서에게 전화를 거십시오.

9. 판매 후에는 감사의 말을 전하라

당신이 사업을 하던 사람으로부터 손으로 쓴 감사의 글을 받았던 때를 생각해 보십시오. 2~3분 동안 시간을 내서 감사의 마음을 표현하는 감사의 글을 작성하십시오. 그 글은 당신과 사업하기를 원하는 사람들의 고객층을 확보하는 데 도움을 준 고객들을 위한 것입니다. 이런 작은 행동이 커다란 차이를 만듭니다.

10. 기꺼이 환불을 해주어라

당신이 그들에게 판 제품에 만족하지 않는 고객들이 있는 경우 즉시 전액을 환불해 주십시오. 그들이 환불을 요구할 때까지 기다리지 마십시오. 제품에 불만족하는 사람에게 즉시 환불을 해주면 고객은 당신이 어떤 일을 해주는 것보다 당신에 대한 감사의 마음을 갖게 될 것입니다. 어떤 이유에서든지 특정한 요구를 맞추지 못하는 제품 모두에 대한 환불이 가능합니다. 고객이 제품에 완전히 만족하지 못하더라도 신경쓰지 마십시오. 모든 제품이 모든 사람들을 만족시킬 수는 없습니다.

11. 바이오스 라이프에 대한 고객의 신뢰를 향상시켜라

고객층을 확대하는데 있어서 당신의 목표는 바이오스 라이프에 대한 고객들의 지속적인 신뢰를 확보하는 것입니다. 사람들이 바이오스 라이프를 사용하기 시작하는 경우 제품의 사용을 거르거나 사용을 한꺼번에 중단하는 경우가 흔합니다. 그러므로 바이오스 라이프를 하루에 두 번 사용하는 일의 중요성을 지속적으로 강조해야 합니다. 이것은 새로운 책자, CD나 미디어, 영상 자료 그리고 콜레스테롤이나 심혈관 질환에 관한 새로운 소식, 그 밖의 바이오스 라이프의 장점을 강조하는 것을 보냄으로써 가능합니다. 바이오스 라이프를 매일 사용하는 일의 중요성을 강조하는 이메일이나 우편물을 고객에게 매달 정기적으로 보낼 계획을 세우십시오.

사업을 진행하면서 고객들에게 보다 나은 서비스를 제공하기 위해 그리고 고객이 제품을 향유할 수 있도록 당신이 할 수 있는 일이 무엇인지를 끊임없이 스스로에게 질문하십시오.

SUMMARY | 요약

고객의 저변 확보에 관한 3~6장에서 나온 생각을 당신이 따르고 제시한 것처럼 친절하고 개별적인 서비스를 훌륭하게 제공하려고 노력한다면 당신의 고객이 매달 제품을 즐기는 동안 당신의 수입을 증가시킬 수 있는 고객층의 저변을 확대할 수 있을 것입니다. 이들 고객들 중 일부가 당신의 프랜차이즈 사업가 팀의 일원이 될 수도 있을 것입니다. 그러면 당신은 그들에게 당신이 한 일을 설명할 수 있고 적절한 과정을 거쳐서 당신의 프랜차이즈는 상당한 수입을 올릴 수 있을 정도로 성장하여 매일같이 노력을 할 필요가 없을 것 입니다.

사업을 해나가면서 당신은 미래의 프랜차이즈 사업가들이 바이오스 라이프의 혜택을 향유하고 있는 당신의 고객임을 알게 될 것입니다. 따라서 폭 넓은 고객의 저변을 확보하는데 중점을 두는 일이 중요합니다. 공식은 간단합니다. 고객이 많을수록 바이오스 라이프 프랜차이즈 사업가를 더 많이 발견합니다. 바이오스 라이프 사용 고객들이 바이오스 라이프 프랜차이즈 사업가로 전환하기 때문에 그들은 바이오스 라이프가 어떤 다른 천연 제품보다도 콜레스테롤 수치를 낮추는데 효과적이라는 사실을 확신하며 그들의 사업을 시작할 것입니다.

이것으로 당신은 지렛대 원리를 바탕으로 상당한 수익을 올리기 시작할 것입니다. 바이오스 라이프 프랜차이즈 사업 모델은 최소한 바이오스 라이프 고객 20명과 개인적으로 모은 프랜차이즈 사업가 5명을 보유하는 프랜차이즈 사업가에게 최대한 보상을 제공하도록 설계되어

SUMMARY | 요약

있습니다.

이 장은 바이오스 라이프 프랜차이즈 사업 모델을 기존의 고객에게 소개하는 방법을 알려줄 것입니다.

다음 장인, 『바이오스 라이프 프랜차이즈 사업 모델 소개』는 바이오스 라이프에 대해 아직 모르는 사람들에게 바이오스 라이프 프랜차이즈를 소개하는 방법을 알려줄 것입니다. 사업을 해나가면서 미래의 프랜차이즈 사업가를 모으는 두 가지 방법에 익숙하기를 바랄 것입니다.

7장. 고객을 프랜차이즈 사업가로 바꾸기

제 7 장
고객을 프랜차이즈 사업가로 바꾸기

성공적인 사고방식을 가져라

　바이오스 라이프 프랜차이즈 사업 모델의 혜택에 대한 긴 목록을 살펴보면 우리는 왜 모든 사람들이 바이오스 라이프 프랜차이즈를 시작하고 싶어하지 않는가?라고 자문할 수 있습니다. 연구에 의하면 노동 인구 중 82%가 그들의 경력 중 한 두 가지 부분에 만족하지 못하는 것으로 드러났다. 향상된 삶을 즐길 수 있는 방법이 있는데, 사람들이 그러지 못한다는 것을 생각하면 놀라운 일입니다. 그러나 많은 사람들이 그렇지 않습니다. 어떤 사람들에게 이것은 변화를 위한 적당한 시간이 아닐지도 모릅니다. 또 일상 생활의 스트레스와 압박감으로 시달리는 다른 사람들에게는 다른 선택을 할만한 여유가 없을 수도 있습니다. 그리고 현재의 삶에 만족하여 변화에 관심이 없는 사람들이 있습니다.

　요점은 그들의 사업이 아무리 훌륭해도 모든 사람들이 그 사업을 통해서 수익을 내고 싶어하지 않습니다. 프랜차이즈에서 성공하는 열쇠 중 하나는 당신이 제공해야 하는 것에 많은 사람들이 관심을 가지지 않는다는 사실을 인정하는 것입니다. 사업에 관한 소개에 초대를 거절하는 사람들이 일정비율 존재한다고 예상해야 합니다. '아니오'라고 말하는 사람으로 낙담하지 마십시오. 모든 '아니오'라는 대답이 '네'라는 대답에 가깝다는 사실을 이해하십시오. 당신은 프랜차이즈 사업을 통해 삶을 향상시키고 싶어하는 얼마 되지 않는 사람들을 찾고 있는 것입니다.

적당한 고객의 선택

당신의 고객층을 확보해 나가면서 당신이 함께 일하고 싶은 사람들과 이 사업이 충족시킬 만한 욕구를 가진 사람들을 구별하기 시작할 것입니다. 이 사람들은 당신이 바이오스 라이프 프랜차이즈를 소개하고 싶은 사람들입니다. 가장 큰 성공과 기쁨은 함께 하고픈 사람들과 일을 하고 바이오스 라이프 프랜차이즈가 충족시킬 수 있는 욕구를 가진 사람들과 함께 일을 하는 데서 생깁니다.

사업을 소개할 수 있는 최선의 시간을 결정하기

당신이 고객에게 접근하여 언제라도 고객이 바이오스 라이프 프랜차이즈 사업 모델에 관하여 알고 싶어하는지를 결정할 수 있지만, 제품을 사용해서 생기는 결과를 볼 때까지 기다리는 것이 바람직합니다. 사람들이 건강상의 긍정적인 변화를 알게 되면 사업에 관하여 좀 더 알고 싶어하게 됩니다. 일반적으로 말해서 고객에게 사업의 기회를 제시하는 가장 좋은 시기는 고객이 제품을 즐기는 것을 알게 될 때, 즉 그들이 자동배송 프로그램에 등록되어 있지 않고 가정하여 제품을 재주문 하려고 준비할 때입니다.

사업을 고객에게 소개하기

바이오스 라이프 프랜차이즈를 당신의 고객에게 소개하기 위해 이용할 수 있는 방법 3가지를 검토해 보겠습니다.

이런 방법 모두가 아주 효과적입니다. 한 방법에 어떤 고객들에게 효과가 있는 반면 또 다른 방법은 또 다른 고객들에게 효과가 있다고 느낄 것입니다. 시간이 지나면서 당신은 이런 방법을 모두 사용할 가능성이 큽니다.

1. CD 혹은 영상 자료 프리젠테이션

사업과 제품을 소개하는 데 이용할 수 있는 정보 제공용 CD와 영상 자료가 몇 가지 있습니다. 이런 보조용품을 제작하는 목적은 누군가가 사업 기회를 자세히 살펴보아야 하는 어찌 할 수 없는 이유를 제시하기 위한 것이었습니다. 이런 보조용품의 이용은 사업을 타인에게 소개하기 위한 가장 생산적이고 비용이 적게 들고 편리한 방법입니다. 당신은 각각의 보조용품을 숙지하여 어떤 방법을 사용할 것인지를 결정할 수 있습니다.

2. 대면 프리젠테이션

이 방법은 당신이나 당신의 스폰서들이 바이오스 라이프 프랜차이즈의 기회를 고객에게 설명하는 경우에 사용합니다. 고객이 제품을 알고 있기 때문에 전화로 사업을 소개할 수 있습니다.

그러나 직접 대면하는 것이 언제나 바람직합니다. 몸소 사업을 개인적으로 소개하면서 당신은 한 가지 이상의 사업 보조용품을 이용할 수 있습니다. 당신이 새로운 사업가인 경우 당신의 스폰서들은 바이오스 라이프 프랜차이즈를 당신의 고객들에게 기꺼이 설명할 것입니다. 스폰서들의 사업 설명을 들으면 당신은 사업을 사람들에게 소개하는 일이 얼마나 쉬운지를 알게 될 것입니다. 바이오스 라이프 사업 모델이 세미나에서, 대규모 사용 설명회에서 그리고 CD나 미디어, 영상 자료로 최고위 프랜차이즈 사업가에 의해 발표되는 것을 들으면 좀더 효과적으로 바이오스 라이프를 설명하는 데 도움을 받을 것입니다.

3. 웹사이트 설명

바이오스 라이프를 고객에게 소개하기 위한 특별 웹사이트가 만들어졌습니다. 웹사이트 주소는 www.bioslifefranchise.co.kr입니다. 이 웹사이트에 들어가보지 못했다면 이 방법에 익숙해지기 위해 지금 들어가 보십시오.

위에서 제시된 모든 방법들이 효과적입니다. 사용할 방법을 결정하는 경우 당신에게 가장 편안한 방법을 선택해야 합니다.
당신의 스폰서와 각각의 방법에 대해 이야기를 하고 가장 효과적이었던 방법이 무엇인지를 물어보는 것이 바람직합니다.

고객에게 사업의 기회 설명하기

고객에게 사업설명을 하는 일은 쉬운 일입니다. 그들에게 바이오스 라이프 프랜차이즈 사업 모델에 대하여 알고 싶은지를 물어보십시오. 누군가가 관심이 있는지를 판단하는 방법 몇 가지가 여기에 있습니다.

* 조, 바이오스 라이프를 지금까지 사용해본 경험에 비추어 이 제품을 다른 사람들에게 권하고 싶은가요?
* 카렌, 당신이 쓰고 있는 제품을 공짜로 얻을 수 있는 방법에 관심이 있나요? 제품을 다른 사람들에게 소개하면 제품의 비용을 빼고도 돈을 벌 수 있다는 사실을 설명하십시오. 그런 다음 당신이 선호하는 설명 방법으로 설명을 진행하십시오.
* 테리, 당신은 이 사업을 잘 할 것 같은 사람처럼 보여요. 당신은 내가 하고 있는 사업에 관하여 관심이 있나요? 만약 그렇다면 당신이 선호하는 설명 방법으로 설명을 진행하십시오.
* 마리아, 당신은 제게 지금 돈이 조금 빠듯하다고 말했어요. 약간의 돈을 좀 벌어보기 위해 나와 함께 파트 타임으로 일하고 싶지 않나요? 만약 그렇다면 당신이 선호하는 설명 방법으로 설명을 진행하십시오.
* 밥, 당신은 내가 사업을 같이 하고 싶은 부류의 사람이예요. 당신은 내가 하고 있는 사업에 관해서 알고 싶은가요? 만약 그렇다면 당신이 선호하는 설명 방법으로 설명을 진행하십시오.

* 리사, 바이오스 라이프를 사용한 당신의 경험에 비추어 당신은 이 제품을 다른 사람들과 공유함으로써 이 사업을 잘 해나갈 수 있을 거예요. 바이오스 라이프 프랜차이즈 사업 모델에 관하여 알고 싶은가요? 만약 그렇다면 당신이 선호하는 설명 방법으로 설명을 진행하십시오.
* 켈리, 나는 바이오스 라이프 프랜차이즈 사업을 하면서 좋은 시간을 보내고 있고 경제적으로도 괜찮아지기 시작했어요. 내가 존경하고 함께 일하고 싶은 사람들을 생각할 때 당신을 빼놓을 수가 없군요. 집에서 자녀들과 함께 머물고자 하는 당신은 내가 하고 있는 일을 알아보고 싶지는 않나요? 만약 그렇다면 당신이 선호하는 설명 방법으로 설명을 진행하십시오.

근본적으로 같은 질문(바이오스 라이프에 관하여 알고 싶은가요?)을 할 수 있는 방법은 여러 가지가 있습니다. 대부분의 사람들처럼, 당신도 당신에게 편안한 일과 당신의 사업적 구상에 적절한 일을 할 것입니다. 바이오스 라이프 프랜차이즈에 관하여 알고 싶어하는 고객들이 있고 그렇지 않은 고객들이 있습니다. 관심이 없는 사람들의 경우 강요하지 마십시오. 그렇지 않으면 그들은 불편함을 느낄 것입니다. 대신에, 당신의 제안을 고려한 것에 대해 고마워하는 이들에게 지속적으로 서비스를 제공하십시오. 그들의 삶에 변화가 있으면 관심을 가질 수도 있습니다.

선택의 폭을 넓히기

당신이 바이오스 라이프 프랜차이즈를 시작하면서 이 사업에서 크게 성공할 것처럼 보이는 사람들을 구별할 것입니다. 이런 사람들 중 일부는 제품을 소개하는 과정을 생략하고 바이오스 라이프 프랜차이즈를 먼저 소개할 수도 있습니다. 바이오스 라이프의 고객이 아닌 사람들에게 사업을 소개하는 일은 보다 많은 노력과 교육이 필요합니다. 그러나 당신의 프랜차이즈를 개발하는 데 드는 시간이 줄어듭니다. 왜냐하면 사업에 대하여 고객들에게 다가가기 전에 고객이 긍정적인 경험을 할 때까지 기다리지 않아도 되기 때문입니다.

다음 장은 바이오스 라이프에 대해 알지 못하는 사람들에게 바이오스 라이프 프랜차이즈를 소개하는 방법을 가르칠 뿐만 아니라, 고객들을 프랜차이즈 사업가로 전환시키는데 좀더 효과적일 수 있는 좀더 상세한 정보를 제공할 것입니다.

8장. 바이오스 라이프 프랜차이즈 사업 모델 소개

제8장

바이오스 라이프 프랜차이즈 사업모델 소개

 교육을 거치면서 만족스러운 바이오스 라이프 고객층을 확대하는 방법을 배웠습니다. 고객들을 프랜차이즈 사업가로 전환시키는 방법도 또한 배웠습니다. 앞 장에서 이런 내용을 철저하게 검토하지 않았다면 이 장으로 넘어가기 전에 앞 장들을 검토하십시오.

 바이오스 라이프 프랜차이즈 사업을 시작하면서 당신은 사업에서 성공할 것처럼 보이는 사람을 구별할 것입니다. 이런 사람들 중 일부는 제품을 소개하는 과정을 생략하고 바이오스 라이프 프랜차이즈를 먼저 소개할 수도 있습니다. 바이오스 라이프의 고객이 아닌 사람들에게 사업을 소개하는 일은 보다 많은 노력이 필요합니다. 그러나 당신의 프랜차이즈를 개발하는데 드는 시간이 줄어듭니다. 왜냐하면 고객이 긍정적인 경험을 하는 것을 기다리지 않아도 되기 때문입니다. 이 장은 바이오스 라이프 프랜차이즈를 고객이 아닌 사람들에게 소개하는 방법을 교육하는 데 초점을 맞출 것입니다.

어디에서 잠재적인 프랜차이즈 사업가를 찾을 것인가

 당신의 기존 고객을 제외하고 사업을 소개할 수 있는 여러 사람들을 살펴봄으로써 탐색 과정을 시작해 보겠습니다. 우리는 그들을 5가지 범주로 구분할 수 있습니다.

1. "당신의 낯익은 시장"으로 알려진 당신의 친구, 아는 사람들, 친척

이들은 당신이 어느 정도 친분이 있는 사람들입니다. 사업을 마케팅하면서 가장 큰 성공의 비율은 당신이 알고 있는 사람들로부터입니다. 낯익은 시장의 사람들은 당신을 알고 있고, 당신을 존경하고, 당신이 모르는 사람들보다 당신이 제공하는 것에 좀더 개방적일 것입니다.

근본적인 생각은 당신의 최초의 성공이 대부분 바이오스 라이프를 당신이 알고 있는 사람들에게 소개하는 데에서 온다는 점입니다.

2. 당신의 친구, 아는 사람, 친척이 추천하는 사람들

당신에게 소개된 사람들은 훌륭한 미래의 고객들입니다. 사업에 참여하기를 거부한 사람들에게서 최소한 한 사람을 소개해 줄 것을 청하십시오. 제품에 만족한 고객에게서 최소한 한 사람을 소개해 줄 것을 청하십시오. 특정한 질문을 함으로써 소개받는 사람을 확보하는 데 성공할 확률이 가장 높습니다. "한가지 부탁이 있습니다."라는 질문으로 시작하십시오. 사람이 동의하는 경우, 다음과 같은 질문을 진행하십시오.

* 프랜차이즈 사업에 관심이 있을 것 같은 사람을 아시나요?

* 당신이 내 사업에 관심이 있는 경우 누구에게 말을 하겠습니까?
* 아는 사람 중 스스로의 직업을 마음에 들어하지 않는 사람이 있습니까?
* 재택 사업에 관심이 있는 사람이 있습니까?
* 부수입을 올리고 싶어하는 사람이 있습니까?
* 진취적인 사람이면서 하는 일은 무엇이든 성공하는 사람이 있습니까?

3. 당신이 매일 만나는 새로운 사람들

전화상으로나 직접적으로 매일 당신이 만나는 새로운 사람들이 있습니다. 이런 사람들은 잠재적인 고객들입니다. 이런 사람들과의 관계를 쌓아나가면서 질문을 던지고 바이오스 라이프 프랜차이즈가 충족시킬만한 욕구를 가지고 있는지를 결정하십시오. 몇 가지 주요 질문들은 다음과 같습니다.

* 생계를 위해 하는 일은 무엇인가?
* 얼마나 오랫동안 그 일을 했는가?
* 어떻게 그런 분야에 몸담게 되었는가?
* 일은 잘 되어가고 있습니까?
* 하는 일을 즐기고 있습니까?
* 뭔가 다른 일을 하는 것을 고려해 본 적이 있습니까?

바이오스 라이프 프랜차이즈를 소개할 수 있도록 마음의 문을 열 수 있는 질문은 그 밖에도 많습니다. 다른 사람과의 관계를 형성할 때 우선 명함을 청할 수 있습니다. 그 후 48시간 이내에 전화를 거십시오. 그들과 만나서 반가웠다는 것을 알리고, 그들에게 찬사를 보내고, 그들이 바이오스 라이프 프랜차이즈 사업모델에 관하여 알고 싶은지를 알아보십시오.

4. 당신의 공통 시장

공통 시장은 당신과 공통점을 가진 사람들, 이를 테면 당신과 같은 분야에 종사하는 사람들, 동창생, 같은 교회를 다니는 사람들, 같은 동호회나 조직에 속한 사람들을 포함합니다. 이런 사람들은 이 외에도 많습니다. 당신과 공통점을 가진 사람들의 집단을 생각해 보십시오. 당신이 알고 있는 사람들의 목록과 함께 이런 사람들의 이름을 쓰십시오.

5. 낯선 시장

냉정한 시장은 당신이 여지껏 만나 본 적이 없는 사람들을 의미합니다. 이런 사람들을 만나려면, 광고 개제, 직접적인 우편물, 무작위 전화, 온라인 마케팅, 그 밖의 마케팅 기술과 같은 방법을 이용을 하면 됩니다.

당신이 사업을 소개하면서 이런 훈련을 제대로 따른다면 이런 사람들을 상대할 필요가 없을 것입니다. 낯선시장의 사람들의 스폰서가 되면 그들이 아는 사람들을 상대하도록 하는 것이 당신의 목표가 되어야 합니다.

바이오스 라이프 프랜차이즈를 고객들에게 어떻게 설명해야 하는가?

이제 당신은 최고의 고객을 어디서 만나야 하는지를 알고 있기 때문에 이들에게 바이오스 라이프 프랜차이즈를 설명하기 위해 이용할 수 있는 두 가지 방법을 검토해 보겠습니다. 이 두 가지 방법은 모두 매우 효과적입니다. 한가지 방법이 일부의 사람들에게 최상인 반면 또 다른 사람들에게 최상의 방법은 나머지 다른 방법입니다. 오랫동안 이 방법 모두를 사용할 가능성이 많습니다.

1. CD 혹은 영상 자료 프리젠테이션

사업과 제품을 소개하는데 이용할 수 있는 정보를 담은 CD와 영상 자료 몇 가지가 이용 가능합니다. 모든 방법이 효과적입니다.

이런 보조용품을 만든 이면의 목적은 누군가가 사업 기회와 제품을 자세히 살펴볼 어쩔 수 없는 이유를 제시하는 것입니다.

이런 보조용품을 이용하는 것은 사업을 사람들에게 소개하는 가장 생산적이고, 비용이 덜 들고, 비위협적인 방법에 속합니다.

어떤 보조용품을 사용할지를 결정할 수 있으려면 이 모든 보조용품에 익숙해져야 합니다. 이런 보조용품의 목록은 이 설명서 18장에서 찾을 수 있습니다.

2. 대면 프리젠테이션

당신의 스폰서와 당신이 함께 고객을 만나 직접 설명을 하는 경우에 이용하는 방법입니다. 대면하는 개인적 설명은 고객에게 맞게 설명을 할 수 있기 때문에 언제나 효과적입니다. 사업을 개인적으로 설명할 때 한가지 이상의 보조용품을 이용할 수 있습니다. 당신이 새로운 사업가인 경우 당신의 스폰서들이 바이오스 라이프 프랜차이즈를 당신의 고객에게 기꺼이 설명 할 것입니다. 스폰서가 설명하는 것을 보면 당신은 사업을 다른 사람들에게 설명하는 일이 얼마나 쉬운지를 알게 될 것입니다. 최고 위 프랜차이즈 사업가가 강연회, 사업 설명회에서 그리고 CD나 미디어, 영상 자료로 바이오스 라이프 프랜차이즈 사업 모델을 설명하는 것을 들으면 바이오스 라이프를 설명하는 데 보다 효과적입니다. 당신은 틀림없이 어떤 설명 방법이 나에게 최상인지를 물을 것입니다. 각 설명 방법은 매우 효과적입니다. 당신에게 가장 편안한 방법을 사용하면 됩니다. 이런 방법들 모두에 대해 당신의 스폰서와 상담하고 조언을 구하는 것이 바람직합니다.

바이오스 라이프 프랜차이즈에 주의를 기울이도록 사람들을 초대하는 방법

이것은 숫자 게임인 것을 기억하십시오. 사업은 소개하는 사람이 많으면 많을수록 당신의 팀에 더 많은 사람들이 참여합니다. 어떤 방법들은 다른 방법들보다 훨씬 효과적입니다. 최고의 성과를 낳는 초대 방법을 당신에게 알려주려고 합니다. 당신의 목표가 성공적인 프랜차이즈를 달성하는 것이라면 이 장을 주의깊게 읽어보십시오. 이 장은 전체 교육에서 가장 중요한 정보를 담고 있기 때문입니다.

우수함을 추구하십시오. 이 장을 숙지하면 개인적으로 중요한 결과를 얻게 될 뿐만 아니라, 당신의 경험으로 인해서 좀더 낳은 설명자가 될 것입니다. 이런 교육이 조직을 통해서 반복되면서 멋진 일들이 일어나기 시작할 것입니다. 이 모든 일들은 첫 번째단계를 올바르게 딛는 데서 출발합니다. 당신이 파트너들의 훌륭한 본보기가 되길 원한다면 이것이 출발점입니다. 전화상으로나 직접 사업에 주의를 기울이도록 사람을 초대할 수 있습니다.

다시 말하지만, 당신에게 가장 편안한 방법을 선택하십시오.

전화상으로 사람들을 초대하는 방법

이제 두 가지 설명 방법을 이해하기 때문에 당신은 전화를 걸어 고객을 사업에 초대하는 방법을 배울 준비가 되어있습니다.

1단계. 전화 걸 준비를 하라

당신의 고객에게 전화할 준비를 하면서 방해받지 않고 전화를 할 수 있는 조용한 곳을 찾으십시오. 그 다음 이번에 몇 사람에게 전화를 걸 것인지에 대해 목표를 세우십시오. 조용한 곳을 찾고 목표를 세운 후에 스스로를 준비하십시오. 확신과 통제된 열의를 갖고 이야기 하는 것이 중요합니다. 당신의 목소리가 약하고 수줍거나 단조로운 어조로 말하는 경우 결과가 좋지 않습니다. 새로운 프랜차이즈 사업가로서 전화를 걸 때마다 이 장을 검토하여 향상하도록 노력하십시오. 당신이 조용한 곳에서 마음을 가다듬고 있으면 전화할 준비를 갖춘 것입니다. 당신의 목록에 있는 누군가를 선택한 후에 이 사람에 잠시동안 집중하십시오.

스스로에게 이 사람이 사업에 관심을 가질만한 이유를 물어보십시오. 이 사업이 그 사람에게 매력적일 수 있는 이유를 생각해 보십시오. 당신이 그 사람에게 진정으로 찬사를 보낼 수 있는 방법을 생각해 보십시오. 고객을 사업에 초대하는 데 어떤 방법을 사용하고 싶은지를 생각해 보십시오. (5단계 참조)

2단계. 전화 걸기

언제든지 긍정적인 기대를 갖고 전화를 거십시오. 결과가 좋을 것이라고 생각하면 실제로 그렇게 되는 것이 보통입니다. 편안한 마음으로 미소를 지어보고 친근한 목소리로 전화를 거십시오.

3단계. 간단한 대화로 시작하기

대화를 시작할 때는 항상 개인적이고 친절하십시오. 인사말 후에는 고객이 다른 전화를 받고 있지 않은지, 다른 일에 관심을 두어서 당신에게 집중하지 못하지는 않는지를 확인하십시오.

당신은 통화가 괜찮은가요?, 바쁘신가요?, 잠깐동안 시간을 낼수 있나요?처럼 당신이 확인하기에 편안한 말로 물어볼 수 있습니다. 고객이 바쁘면 언제 전화를 하면 괜찮은가요?라고 물으면 됩니다. 이런 질문을 할 때 당신의 고객에게 진정한 관심을 보여주십시오. 고객에게 잘 지내는지를 물어보십시오. 아이들, 취미, 스포츠, 그 밖의 적당한 화제에 관해 물어보십시오. 사람들이 당신이 관심을 기울이지 않는다는 것을 알게 되면 그들은 당신이 제안하는 것에 관심을 두지 않습니다. 당신이 전화를 거는 사람에게 진정한 관심을 보여야 합니다. 이것은 중요하며 의도적인 노력이 필요합니다.

> 사람들은 당신이 얼마나 그들에게
> 관심을 보이는지를 알 때까지
> 당신이 알고 있는 것에 관심을 기울이지 않습니다.
> - 캐보트 로버트 -

4단계. 당신의 고객을 칭찬하라

사람을 칭찬하는 것은 언제나 긍정적인 일입니다. 모든 연령의 사람들이 그들의 현재 모습 또는 그들이 이룩한 것에 대해 칭찬 받기를, 찬사 받기를, 인정 받기를 원합니다. 사람들을 사업에 초대하면서 당신은 그들을 칭찬하는 방법들을 찾아야 합니다. 사업의 초대에 앞서 사람들에게 감탄이나 존경심을 표현하는 경우 좀더 나은 결과를 얻을 것입니다. 당신이 고객을 칭찬하면 그들은 기분이 좋아지고 좀더 개방적인 마음을 갖게 됩니다. 당신에 대한 그들의 존중감도 증가합니다. 그들은 당신에게 호감을 갖게 되며 제품을 구매할 가능성이, 아는 사람들을 소개할 가능성이 좀더 높아집니다. 그들이 당신에게 호감을 느낄 경우 당신과 함께 사업을 하고 싶어할 가능성이 좀더 많아집니다.

다른 이유가 없더라도 진정한 칭찬으로 그들의 기분을 좋게 만드십시오.

5단계. 사업제안하는 방법을 만들어라.

당신이 전화하려는 사람과의 관계를 바탕으로 그 사람에게 사업에 주의를 기울일 시간을 얻어내는데 가장 효과적인 방법을 고려하십시오. 당신의 사업제안 목적은 관심을 유발하는 것입니다. 당신이 확신에 차고 자연스러워야 함을 분명히 하십시오.

당신이 그들에게 사업을 살펴보라고 강요 혹은 부탁하는 방식으로 제안하지 마십시오. 당신은 그들에게 이 나라에서 가장 전망있는 사업 중 하나를 제안하고 있습니다. 자신을 갖되 강하고 확신을 가지십시오. 그들이 관심이 없다면 괜찮습니다. 그런 경우 다른 사람에게로 사업을 제안하십시오.

5분 사업제안

녹음전화

사람들을 사업에 초대할 때 그들이 미리 녹음된 5분 메모 전화를 듣도록 할 수 있습니다. 5분 전화 메모 사업의 요약입니다.

그것은 유니시티 인터내셔널 내의 프랜차이즈 사업가가 준비하고 발표하며 1주일에 7일, 하루 24시간 이용 가능합니다. 각 전화는 4~7분으로 다양합니다. 간단히 5분 전화메모라 불립니다.

몇가지 전화가 가능합니다. 바이오스 라이프의 녹음된 메시지를 위한 메뉴를 들으려면 216-461-8700으로 전화하십시오. 녹음된 전화의 목적은 고객에게 바이오스 라이프 프랜차이즈를 전문적으로 설명하는 것입니다. 당신이 고객의 사업에 대해 알 마음이 있는지를 결정하는 데 충분한 정보를 제공하기 때문에 이것은 좋은 방법입니다. 이것은 많은 프랜차이즈 사업가들에게 초대 과정을 좀더 유연하고 생산적으로 만들어 줍니다. 이용할 수 있는 모든 전화를 듣고 당신이 사용하려는 방법을 선택하십시오.

당신의 고객이 전화를 받는 동안 고객이 사업을 알고 싶은 마음이 있는지를 결정하십시오. 당신의 사업제안 방법에 긍정적인 반응을 얻는 경우 단지 3자 통화를 이용하여 미리 녹음된 전화에 당신의 고객을 연결시키면 됩니다. 전화 메모의 마지막에 당신은 고객이 좀더 배울 마음이 있는지를 물어야 합니다.

"좀 더 알고 싶은가요?"가 "좀 더 알고자 하는 데 관심이 있나요?" 보다 좋습니다. 어떤 사람들은 그들이 관심이 있는지를 아직 모를 수도 있지만, 좀 더 알고자 하는데에는 개방적일 수 있습니다. 단어의 간단한 선택이 서로 다른 두 가지 반응을 만들어냅니다.

수년 동안 성공적이었던 사업제안 방법
방법 #1 직접적인 방법

* 앨런, 나는 기업가, 의료, 사업 전문가들로 구성된 소규모의 사람들과 함께 일하고 있어요. 그들은 (이/당신의) 분야에서 대형 건강관련 회사의 확장을 꾀하고 있어요. 내가 함께 일하고 싶은 사람 중에 자격이 있는 사람을 생각해 보았는데 당신의 이름이 그 사람들 목록에 있더군요. 우리가 무슨 일을 하고 있는지를 들어보고 함께 생각을 나눌 마음이 있나요?(물론.) 지금 5분 정도 시간이 있나요?(네.) 좋아요. 당신의 시간을 생산적인 것으로 만들 수 있도록 나는 당신에게 사업에 대해 간단한 요약을 해보겠습니다. 당신이 듣는 것에 관심이 있는 경우 당신에게좀 더 많은 정보

를 줄 수 있어요. 괜찮겠어요? 내가 접속할 때까지 잠깐만 기다려요.

3자 통화를 이용하여 고객을 5분 전화메모로 연결시키십시오. 전화가 끝나면 좀더 많은 정보를 검토할 마음이 있는지를 고객에게 물어보십시오. 그렇다면 고객에게 다시 만날 약속을 정하십시오.

* 조안, 당신과 중요한 일에 대해 말하고 싶어요. 점심이나 커피를 함께 할 수 있는 시간이 언제죠?

개인적인 설명을 위해 만날 약속을 정하십시오.

방법 #2 나는 당신의 의견을 소중히 합니다

* 조, 나는 최근에 사업을 시작했어요. 콜레스테롤 수치를 효과적으로 낮추는 스타틴 계열의 치료제를 대체하고 임상적으로 실험되어 특허를 받은 천연 제품을 유통하는 회사예요. 나는 지금껏 보아온 것에 감명을 받았지만 당신의 의견을 알고 싶어요. 내가 당신에게 회사와 제품을 간단하게 소개하는 자료를 준다면 시간을 내서 그것을 보고 당신의 생각을 내게 알려줄래요?

만약 동의한다면 추후의 약속을 잡으십시오.

* 수, 나는 최근에 프랜차이즈를 하나 시작했어요. 그것은 콜레스테롤 수치를 안정적으로 유지하는 데 도움을 주는 스타틴 계열의 치료제를 대체하고 임상적으로 실험되어 특허를 받은 천연 제품을 마케팅하는 거예

요. 나는 흥분되어 있어요. 그러나 내가 깊이 관련을 맺기 전에당신의 피드백과 당신의 생각을 듣고 싶어요.

5분 전화메모 당신이 선택한 설명방법으로 진행하십시오.

방법 #3 한가지 부탁을 들어줄래요?

* 알렉스, 부탁이 하나 있어요?(물론.) 나는 파트타임 사업을 시작했어요. 전국적으로 가장 우수한 건강기능식품 제조 회사중 하나예요. 주요 제품은 콜레스테롤 수치를 효과적으로 낮추고 지질 구조를 향상시키는 스타틴 계열의 치료제를 대체하고 임상적으로 실험되어 특허를 받은 천연 제품을 유통하는 회사예요. 난 당신이 사업에 경험이 풍부하다는 것을 알고 있고 당신이 내가 하는 일을 검토하고 조언해 줄 수 있는지를 묻고 싶어요.

개인적인 설명을 하거나 검토를 위해 자료를 보내십시오.

방법 #4 당신은 누구를 알고 있나요?

* 카렌, 앨런, 나는 기업가, 의료, 사업 전문가들로 구성된 소규모의 사람들과 함께 사업팀을 구성했어요. 독특하고 흥미로운 사업분야를 시작하고 있어요. 변화에 개방적이면서 똑똑하고 재능있고 적극적인 사람을 알고 있나요?

당신의 고객은 몇 사람의 이름을 댈 것입니다. 그러나 고객은 좀더 많은 정보를 묻는 질문을 던질 것입니다. 고객이 질문을 하면, 5분 정도 시간이 있나요? 만약 그렇다면, 다음과 같이 대답하십시오. 나는 당신이 내 동료에 의해 5분짜리로 녹음된 사업 설명을 듣기를 바래요. 그러면 우리는 좀더 자세하게 의견을 나눌 수 있을 거예요. 내가 접속하는 동안 잠시만 기다리세요. 그리고 전화가 끝날 때쯤 이것이 당신이 좀더 알고 싶은 것처럼 들리나요? 라고 물으십시오.

만약 그렇다면, 고객에게 자료를 주거나 만날 시간을 정하십시오. 만약 그렇지 않다면 당신의 사업을 이야기할만한 사람을 추천해 달라고 요구하십시오.

방법 #5 내가 보여줄 수 있을까요?

* 루이즈, 자택근무로 추가 수입을 만들 수 있는데에 관심이 있나요?

5분 전화메모 설명이나 당신이 가장 마음에 드는 방법을 진행하십시오.

* 폴, 자택에서 파트 타임 사업을 시작하는 방법을 보여준다면 관심이 있을까요?

5분 전화메모 설명이나 당신이 가장 마음에 드는 방법을 진행하십시오.

방법 #6 뭔가 다른 종류의 일을 하는 것을 생각해 보았나요?

* 자넷, 당신과 나 사이만의 이야기인데요, 당신의 수입원을 다양화하거나 뭔가 다른 일을 하는 것을 생각해 본 적이 있나요?(물론.) 긍정적인 대답이 있다면 5분 정도 시간이 있나요? 라고 물어보십시오. 자넷, 나는 최근에 전국적으로 최고의 건강기능식품 회사 중 한 곳에서 제공하는 프랜차이즈 기회를 소개 받았어요. 내가 본 것에 나는 꽤 감명받았어요. 나는 회사의 최고위 프랜차이즈 사업자가 짧게 녹음한 내용으로 연결할 거예요. 그는 회사의 사업 모델을 간략하게 소개할 겁니다. 당신이 이것에 관심을 가질지 모르겠지만, 어디 볼까요. 내가 짧은 보조용품에 3자 연결할 때까지 잠깐만 기다려요.

* 톰, 비공식적으로 하는 말인데, 제 2의 추가소득원이나 뭔가 다른 일을 하는 것에 대해 생각해 본적이 있나요?

당신이 선호하는 방법을 사용하여 진행하십시오.

방법 #7 시간이 있나요?

* 알렉스, 언제 점심 먹을 시간이 있나요?(물론)

점심을 먹을 약속을 잡습니다. 이런 기회를 이용해 관계를 강화하고 당신이 사업을 설명할 기회를 열 수도 있는 질문을 던지십시오. 사업에 대해 이야기할 적절한 시간이 아니라면 떠나면서 다음과 같이 말하십시오.

그런데 말야. 난 네게서 피드백을 받을 게 있어. 이 자료에는 내가 최근에 시작한 새로운 프랜차이즈 사업에 대해 설명하고 있고 나는 네가 그것을 본 후 네 생각을 듣고 싶어.

다음 번에 이야기할 약속을 잡습니다.

* 베스, 5분 정도 시간이 있나요?(물론, 왜죠?) 내가 직장 경력이 불확실하지만 내 수입을 다양화하려는 결정을 내렸어요. 내 선택을 검토하면서 나는 이 분야에서 대단한 잠재력을 지니고 있는 새로운 프랜차이즈 기회를 접했어요. 당신이 관심이 있을지 모르겠지만, 관심이 있다면 이 분야를 개척하기 위해 당신과 함께 일하고 싶어요. 우리 회사의 최고위 프랜차이즈 사업가 중 한 사람이 한 5분짜리로 요약한 설명을 듣고 당신의 생각들 듣고 싶어요. 괜찮을까요?(물론) 내가 전화를 거는 동안 잠시만 기다려요.

전화가 끝날 때쯤, 좀 더 알고 싶은 내용이던가요? 만약 그렇다면, 당신이 선호하는 방법으로 진행하십시오.

방법 #8 아는 사람의 소개를 부탁하라

* 마이크, 내 이름은 조 윌리암즈예요. 나는 우리 모두의 친구인 팀 에잇큰의 친구죠. 시간이 있나요?(물론) 시간을 내주어서 고마워요. 본론으

로 들어가죠. 나는 전국적으로 유명한 건강기능식품 회사를 위한 프랜차이즈 개척을 하고 있어요. 나는 (지역) 시장을 개척하는 것을 돕고 있죠. 나는 최근 팀과 확장계획을 검토했고 팀에게 훌륭한 기술을 가진 사람들이 필요하다고 말했어요. 그는 긍정적으로 당신에 대해 말하더군요. 그러나, 당신이 관심이 있는지는 모르지만, 그는 당신이 관심을 가질 후보일 것이라고 생각했죠. 시간이 괜찮다면 뭔가를 고려할 시간을 쓸 준비가 되었나요?

　가능한 유대를 쌓으십시오. 팀은 내게 당신과 그가 함께 골프를 친다고 말합니다. 질문을 던지십시오. 두 사람이 안지 얼마나 되었죠? 이런 비슷한 질문이면 됩니다. 그에 관해 뭔가를 알아내려고 노력하십시오. 그리고 그가 말하는 동안 관심을 갖고 들으십시오.

　우리는 좋은 사회성 기술을 가진 사람들과 수입과 시간을 좀 더 통제하고 싶은 사람들을 찾고 있어요. 그런데 이것은 지금하고 있는 일을 그만둘 필요가 없지만, 개척하기를 원한다면 변화의 기회를 제공할 커다란 가능성이 있죠. 자세한 사항을 아는데 관심이 있나요?(물론이죠. 계속하세요) 내가 짧은 시간에 많은 정보를 전달하는 최고의 방법은 내 동료가 녹음한 사업 설명을 위해 전화를 연결하는 거예요. 전문적이고 실제적으로 짧게 요약을 한 5분짜리 통화예요. 그 후에 당신이 좀더 많은 정보를 원한다면 내가 알려드리죠. 괜찮겠어요? 기다려요. 내가 3자 통화에 연결할게요.

녹음된 전화를 들은 후에 다음과 같이 묻습니다. 당신에게 정보를 좀더 주어도 될까요? 당신이 선택한 소개 방법으로 진행하십시오. 이 예에서 당신은 팀에게 되돌아가고 싶어할지도 모릅니다. 팀에게 사람을 소개해준 데 대해 감사하고 마이크의 최신 활동을 팀에게 알려주십시오. 이것은 팀에게 추천해 줄 만한 사람들이 있는지를 물어볼 좋은 기회입니다. 마이크가 관심을 보이면 마이크가 자신의 아랫단계 파트너일 가능성에 대해 생각하면서 팀이 프랜차이즈를 스스로 사업하는것을 심각하게 생각할 수도 있습니다.

방법 #9 개인별 설명 내용

* 이 설명 내용과 제안방법을 읽었기 때문에 당신이 사람들에게 전화를 할 때 사용할 설명문을 작성 할 필요가 있습니다.

* 위에서 언급한 방법 중 하나를 이용하거나 여러 다른 설명 내용을 가지고 사용하기에 가장 마음에 드는 하나의 설명문을 작성할 수 있습니다.

* 설명문을 작성할 때의 주요 목표는 그것을 편안하게 읽고 자연스럽게 들리도록 설명문을 작성하는 것입니다. 글로 호기심과 관심을 유발시키도록 하고 너무 길지 않도록 하십시오.

* 설명문을 작성하기가 쉽지 않다면 대화중에 당신이 따르기 위하여 설명상의 요점에 대한 개요를 작성하십시오.

당신이 다가가는 사람들 중에는 당신의 사업에 참여하는 사람들이 있을 것입니다. 당신의 팀에 참여하는 사람들은 이런 교육을 검토할 것입니다. 검토할 경우 당신이 그들을 초대한 일이 얼마나 잘한 일인지를 그들이 생각하기를 원할 것입니다. 당신이 이런 체계를 따른 것에 대해 그들의 존경을 받고 싶어할 것입니다. 가장 좋은 교육 방법은 당신이 사업을 올바르게 한 것을 그들에게 보여주는 것을 통해서입니다. 그러면 이 교육은 당신이 이룩한 것을 공고히 할 것입니다.

6단계. 질문에 대한 준비를 하라

당신이 관심을 불러일으키는데 성공을 한다면 당신의 고객은 질문을 할 것입니다. 질문을 하면 그들이 관심이 있다는 신호입니다. 질문을 예상해서 확신을 갖고 즉시 질문에 대답하는 일이 중요합니다. 목적은 머뭇거리는 것이 아니라, 그들의 질문에 대해 논리적이고 합리적인 대답을 하는 것입니다. 전화로 많은 질문에 대답하기보다는 특정한 질문에 간단히 대답하고 그들이 당신을 만났을 때나 관련 자료를 본 후에도 남아있는 질문에 대답하고 싶다고 말하는 것이 최상의 방법입니다.

7단계. 확실하게 약속하라

이 단계는 아주 중요합니다. 전화로 얘기하거나 직접 만나자는 약속을 항상 확실하게 하십시오. 두 가지 다른 발표 방법을 사용하는 경우 간단한 방법이 여기에 있습니다.

1. CD나 미디어, 영상 자료를 사용하는 경우

* 가장 좋은 말은 다음과 같습니다. 토니, 나는 당신이 볼 만한 자료를 우편으로 보낼 거예요. 다음날이면 받아보실 수 있을 겁니다. 그것을 볼 시간이 언제쯤 일까요?(아마 2일 이내) 수요일에 잠깐 얘기를 나눌 수 있을까요?(수요일 좋아요) 좋아요!수요일에 전화한다고 기록해 두죠.(8시 이후) 8시 30분 괜찮을까요?(물론) 그럼 그때 전화하죠. 내가 할 말에 당신은 감동할 거예요. 안녕히.

* 기본 생각은 당신이 다시 말할 정확한 시간을 정하기를 원한다는 점입니다. 고객이 수요일에 전화할 것을 제안하는 경우 다음과 같이 대답하십시오. 그거 좋아요. 우리가 서로 바쁘니까 당신에게 가장 괜찮은 시간이 있겠죠? 그런 후 확인 전화할 정확한 시간을 정하십시오.

* 확인 전화 시간을 정한 후에 CD나 미디어, 영상 자료를 간단한 쪽지와 함께 보내십시오. 당신이 쓸만한 내용의 예는 다음과 같습니다. 팀, 내가 얘기했던 자료를 동봉합니다. 이 회사에서 어떤일이 벌어지고 있는지를 보면 꽤 감명 받을 거예요. 당신과 의견을 나누고

싶어요. 이것에 대해 보다 자세한 얘기를 나누기 위해 저녁 8시 30분에 전화를 할께요. 안녕히.

2. 몸소 설명을 하는 경우

* 사업을 소개하기 위하여 누군가를 만날 약속을 정하는 것처럼 정확한 시간을 정하고 고객을 만날 장소를 정하십시오.

* 뭔가 문제가 생기면 당신에게 전화를 해달라고 요구하는 것은, 특히 당신이 잘 모르는 사람을 만나는 경우에 필수적입니다.

* 약속이 2일 이상 남아있을 경우 약속일 하루 전이나 약속 당일 전화로 약속을 확인하는 것이 바람직합니다. 확인 전화는 약속한 사람에게 얘기하거나 자동응답 전화에 말을 하게 됩니다. 제이크, 내일 12시에 당신과 점심을 먹고 싶다는 것을 알리려고 전화했어요. 만약을 위해 내 휴대전화번호를 남깁니다. 010-8888-8888. 그때 봅시다.

* 가장 바라고 싶지 않은 일은 고객과 만나기 위해 시간을 소비했는데 고객이 나타나지 않는 일입니다. 적절하다고 생각하는 경우 고객의 배우자도 함께 초대할 수 있습니다.

추가 권장사항

* 아무에게도 이 사업을 검토해 보라고 강권하지 마십시오.

* 사실, 부탁하거나 의견을 묻는 게 아니라면 제발 이라는 단어의 사용을 피하십시오.

* 사업에 대해서 말 할 때는 자신감을 가지고 이야기 하십시오. 대부분 사람들은 고객 번호를 가지고 있어서 당신이 전화했었다는 것을 알고 있습니다. 그래서, 간단한 메시지를 남기는 것을 권합니다. 다음과 같이 간단하게 이야기할 수 있 습니다.

    » "팀, 일은 잘 돼가요? 잠시 이야기를 나누고 싶어 전화했는데 나중에 다시 전화 드리지요. 잘 지내구요, 린다에게도 안부 좀 전해주세요."

    » "팀, 주말 잘 보내요. 혹시 시간 있으면 제 핸드폰으로 전화 좀 줘요. 전화번호는 010-8888-8888입니다. 아니면 나중에 제가 다시 연락 드리겠습니다. 그럼 이만."

    » "팀, 당신과 린다 모두 잘 지내지요? 당신이 흥미 있어 할 것 같아서 자료를 보내드릴테니 시간 있으면 잘 검토해 보세요. 나중에 당신의 생각을 들어 보고 싶군요. 그럼 이만."

* 당신이 시작을 하기 전에 프랜차이즈 스폰서 사람들과 당신의 방법에 대한 역할 극을 하는 것은 도움이 됩니다. 당신이 알고 있는 중요한 사람들보다도 당신의 스폰서와 연습하는 것이 효율적 방법입니다.

* 통화는 짧게 주제는 명확하게 하십시오.

* 당신이 듣는 "아니오"라는 대답을 사업적 향상을 위해 분석하십시오.
  〈"아니요"라는 대답이 나왔을 때 왜그런 대답이 나왔는지 이유를 분석하십시오.〉

* 당신이 여러 번 "아니오"를 듣게 되면 당신의 스폰서에게 먼저 연락하십시오. 그리고 조언을 받으십시오.

* 만약 고객이 사업에 관심이 없다면 추천인들을 부탁하세요. 제품에 대해 더 알

고 싶어 하는지를 물어 보십시오.

* "아니오"는 다른 사람들의 손해임을 기억 하십시오. 절대 실망스럽게 행동하지 마십시오. 만약 당신이 확실하게 할 수 있으면 존경 받게 될 것입니다. 그리고 만약 주변 환경이 바뀌면 고객들은 나중에 당신과 이야기하고 싶어 할 것입니다.

* 만약 당신의 고객이 5분 정도 전화를 들어주고 더 알기를 원한다면 종종 연락해서 진행 상황을 알려 줘도 되는지 물어보십시오. 이것은 나중에 그들과 만나게 되는 기회를 줍니다.* 만약 당신이 누군가에게 전화를 하는 것이 어렵다면 전화만큼은 효과적이지는 않지만 CD나 다른 자료를 보내는 것도 괜찮습니다. 다른 방법은 당신의 고객에게 이메일을 보내서 정보를 알려줄 수도 있습니다. 두 가지 예에서 당신은 다음에 만나는 날을 지정하십시오.

* 당신의 만남에 대한 계획과 조정은 19장을 참고하십시오.

9장. 고객의 긍정적인 결정을 얻어내기

제9장
고객의 긍정적인 결정을 얻어내기

바이오스 라이프 프랜차이즈 사업 모델을 소개 한 후 다음 단계는 당신의 고객이 더 알기를 원하는지 확인하는 것입니다. 당신의 목표는 관심을 가지고 있는 사람들이 논리적으로 믿음을 형성해서 긍정적인 결정을 내리도록 하는 것입니다. 당신의 고객들로부터 긍정적인 결정을 얻어 내는 방법은 주로 다음 사항에 달려 있습니다.

* 얼마나 그들이 당신을 믿고, 좋아하고, 사업을 같이 하기를 원하는지 관계를 형성하는 것이 중요합니다.
* 당신의 고객의 필요와 욕구를 명확하게 하는 것입니다.
* 당신의 고객들에게 긍정적 결정을 내리게 하고 정보들을 주기 위해 통찰력 있는 전망이 필요합니다.

위와 같은 이 세 가지 규칙을 따른다면 당신은 긍정적 결정을 편안하게, 복잡하지 않게 얻게 될 것입니다. 우리는 어려운 판매 전략을 사용하지 않습니다. 대신 우리는 우리가 원하는 방식으로 사람들을 상대합니다. 새로운 프랜차이즈 사업가를 돕기 위해서는 시간과 에너지가 필요합니다. 추진력과 결단을 가진 파트너들을 찾으십시오. 이런 특징을 가지고 있지 않은 사람들도 있지만 이 사업은 개인적인 성장을 돕습니다. 오랫동안 그들의 목적을 성취하려고 개인적인 성장을 한 사람과 같이 잘 지내십시오. 프레젠테이션 후 누군가의 관심을 결정 할 수 있는 검사 방법으로 다음의 이 부분을 시작하십시오.

당신 고객의 관심 결정하기

고객의 관심을 찾는 법은 당신의 사업 소개 선택법에 달려 있습니다. 두 가지 프레젠테이션 방법을 보고 최선의 방법을 고려해 보십시오.

1. CD 혹은 영상 자료를 사용한 프레젠테이션

사업의 소개에서 시청각 도구를 사용한 다음 고객의 관심을 결정 할 수 있게 확인합니다. 직접 또는 전화를 할 때에 좋은 방법입니다. 확인 할 때는 이메일로 하는 것은 추천하지 않습니다.

당신의 고객이 정보를 다 본 후가 적절한 때입니다. 일반적으로 정보가 새로울수록 관심이 더 높아집니다. 시간이 많이 흐를수록 고객의 관심은 떨어집니다.

적절한 확인은 중요합니다. 2~3일 동안 재검토 할 시간을 주는 것이 생산적이란 걸 알아냈습니다. 만약 당신의 고객이 곧 정보를 재검토 하기에 동의한다면 확인할 시간을 조정 하십시오.

확인 전화의 목적은 가능한 한 빨리 만남의 약속을 잡는 것입니다. 만약 당신이 새로운 프랜차이즈 사업가라면 당신의 프랜차이즈 스폰서에게 참여를 요청하십시오. 매번 의사소통을 통해 대면하게 되면 긍정적 결정이 증가하게 됩니다. 따라서, 직접적인 대화를 언제나 우선적으로 선택하여야 합니다. 만약 당신의 고객이 먼 곳에 산다면 전화를 통해 다음 단계를 설명하고 모든 질문에 대답해야 합니다. 만약 당신이 경험이 별로 없다면 3자 통화를 통해 프랜차이즈 스폰서가 도와 줄것입니다.

제시된 순서와 확인 설명문

확인 전화를 해서 간단한 대화를 한 후, 다음과 같이 묻는다.

짐, 제가 보낸 자료를 받으셨나요?

* 만약 대답이 '예'라면 아래 세 가지 중 한 가지를 진행하십시오.

Option #1. 더 알아보기를 원한다면 짐에게 함께 이야기 할 수 있는 다음몇 일간의 스케줄이 어떤가 물어보십시오. 대답이 긍정적이면 약속을 잡으십시오.

Option #2. 제니가 더 배우기를 원하는지를 물어보고 긍정적이면 만날 시간을 정하십시오.

Option #3. 빌에게 당신이 들은 것 중에서 가장 흥미 있는 것은 무엇입니까? 빌이 대답한 후 그가 관심을 가지고 있는 것에 대해 이야기 하고 나서 나중에 만나서 토론할 시간을 정하십시오.

* 만약 대답이 '아니오'이면 당신의 고객은 아직 자료를 본 것이 아닙니다. 그리고 다음 둘 중에 한가지 입니다.

Goal #1. 다음에 확인 할 시간을 잡습니다.

Goal #2. 약속하기 전에 먼저 시간을 두고 당신의 고객에게 재검토 할 여유를 주십시오.

* 이 부분은 고객이 자료를 보지 않은 경우일 때입니다.

Option #1. 괜찮아요. 마이크 요즘 바쁘지요?
언제 편리한 시간에 전화 좀 주세요. 확인할 시간을 정하십시오.

Option #2. 괜찮아요. 죠. 2~3일 정도 차안에서 들을 수 있는데 이번 주 점심이나 커피 한잔 할 수 있는 시간 있나요? 혹시 관심있는 부분이 있으면 이야기 좀 할까요? 만나는 시간을 정하십시오.

Option #3. 괜찮아요. 카렌. 얼마나 바쁜지 압니다. 5분 정도면 설명해 줄 수 있어요. 듣고 나면 그 가치를 알 수 있어요. 5분 정도 시간 있나요?

'예'라고 대답하면 5분 동안 전체적인 사업 설명을 해 주고 더 알고 싶은 것이 있냐고 물어보고 다음 확인할 시간을 정합니다.

고객과 한번 만날 약속을 하면 자료를 다시 한번 볼 것을 독려합니다. 이것은 당신을 만나기 전까지 높은 흥미를 갖게 만들 것입니다. 그리고 홈페이지 주소(www.bioslifefranchise.co.kr)를 알려 주십시오.

2. 개인적인 설명 사용하기

개인적인 설명 후 누군가의 흥미를 결정하는 것은 쉽습니다. 대부분 당신은 대화를 통해 고객의 흥미를 측정할 수 있습니다. 명백하지 않다면 직접 고객에게 물어 보십시오. 만약 고객이 흥미를 표하면 어떠한 질문이나 설명에 답해야 합니다.

당신의 고객을 범주화하라
1. 범주를 파악하라

당신의 사업을 소개하려는 사람들을 관심 갖는 단계에 따라 다음과 같은 카테고리중에 하나로 집어 넣습니다.

* **무관심** : 바이오스 라이프 또는 바이오스 라이프 프랜차이즈 기회에 관심 없는 사람.
* **Customer** : 바이오스 라이프를 사용하는데 관심 있는 사람.
    a. **소매고객** : 소매 가격으로 상품을 구입하는 고객.
    b. **우수고객** : 소비회원 혹은 회원가입 후 제품을 사용하는 회원이 되어 회원가격으로 사용하는 고객.
* **프랜차이즈 사업가** : 추천에 의해 바이오스 라이프 프랜차이즈 형성에 관심이 있는 사람. 사업 경험이 풍부한 사람부터 단지 사람들의 라이프 스타일을 개선하려는 사람들까지 다양한 범위입니다. 초보 단계의 고객에서부터 다른 사람과 공유하기를 원하는 강력한 바이오스 라이프의 옹호자까지 다양합니다.

2. 고객의 관심 분야를 구별하라

당신 고객의 관심분야를 명백하게 하십시오. 당신의 다음 단계는 당신의 고객의 관심 분야에 따라서 달라집니다. 고객의 관심 분야를 알기 위해 대화를 명백하게 해야 합니다. 그래도 명백하지 않다면 고객에게 직접 물어 보십시오.

Option #1. 쟈넷, 일반적으로 사업을 볼 때 세가지 카테고리 중 한가지에 속하는 것을 볼 수 있습니다. 첫째, 고객들은 단지 제품만을 사용하기를 원합니다. 둘째, 프랜차이즈 사업가들이 사용하고 추천하는 제품들을 건전하게 사용하는데 관심이 있습니다. 셋째, 그들은 프랜차이즈 파트너가 되는 데 관심이 있는 사람들입니다. 제품을 사용하고 추천 할 뿐만 아니라 다른 프랜차이즈 사업가들과 네트웍을 구성하는 것입니다. 이 시점에서 당신의 관심은 어디라고 말할 수 있습니까? 당신이 속한 카테고리는 어디입니까?

Option #2. 브라이언, 당신이 들은 것을 기초로 해서 당신은 제품이나, 사업 아니면 둘 다 관심이 있습니까?

대답하기와 결정을 권하기

각 그룹에 속한 사람과 해야 할 일과 긍정적 결정을 얻기 위한 단계에서 해야 할 일을 봅시다.

Category #1. 관심이 없는 사람들

바이오스 라이프에 관심이 없는 사람에게 사업을 소개하려고 할 때는 다음과 같은 일을 할 수 있습니다.

* 사업모델을 검토하려고 시간을 내어 준 것에 감사하십시오.
* 추천인을 요청하십시오.
* 어떻게 일이 진행되는지 연락할 수 있도록 허락을 받으십시오.

Category #2. 사용하는데 관심을 가지고 있는 고객들. 바이오스 라이프의 사업가가 되기 전에 관심을 가지고 있는 사람에게 프랜차이즈를 소개할 때 해야 할 일들은 다음과 같습니다.

* 바이오스 라이프에 대한 어떠한 질문에도 대답하십시오.
* 100% Money Back(환불보장)프로그램, Autoship 신청시 유리한 점을 설명하십시오.
* 당신의 고객에게 한 박스의 바이오스 라이프를 판매하십시오.

Category #3. 바이오스 라이프 프랜차이즈 형성에 관심을 가지고 있는 프랜차이즈 파트너들.

프랜차이즈 파트너가 되고자 하는 고객들에게 사업을 소개 할 때 해야 할 일들은 다음과 같습시다.

* 48시간 이내로 시간을 정해서 프랜차이즈 형성의 장점을 논의하기 위한 만남에서 그들의 질문에 대답하십시오.

* 약속하기 전에 당신의 상위 스폰서들과 미팅을 하십시오. 이것은 당신의 고객들에게 유용하고 그들의 믿음을 형성하게 합니다.
* 만남에서 사업의 대한 열정을 나누고 많은 장점을 논의 하십시오.
* 처음 시작에 대한 결정을 하게 만드십시오.
* 프랜차이즈의 계약서를 작성하십시오.
* 프랜차이즈 사업가 설명서 중 『시작하기』장을 검토하게 하십시오.
* 다음 48시간 안에 시작하기 10단계를 검토하기 위해 시간을 정하십시오.

당신의 고객의 믿음을 만드십시오

약속된 만남에서 당신의 고객이 시작하려는 결정을 내릴 준비가 되어 있지 않다면 당신의 목적은 고객들이 시작할 준비가 되도록 믿음을 형성하는 것입니다.

믿음을 형성하는데 다음 효과적인 다섯 가지 방법이 있습니다.

1. 당신의 상위스폰서와 미팅을 하십시오.

미팅의 목적은 당신의 고객이 가지고 있는 의문점들에 대한 질문에 대답하는 것과 프랜차이즈를 시작하기 위한 긍정적 결정을 얻기 위한 것입니다.

2. 우리의 인터넷 웹사이트를 소개 하십시오.

정보를 얻기 위한 인터넷 홈페이지를 알려 주십시오.

www.unicityscience.com (유니시티과학)

www.bioslife.com

www.unicity.com

www.makelifebetter.co.kr

3. 검토를 위한 다양한 보조용품을 주십시오.

보조용품에 관련한 장에서 유용한 보조용품들과 친숙해 지십시오. 믿음을 형성하기 위해 고객들에게 적당한 보조용품을 주십시오. 많은 사업가들은 관심 있는 고객들에게 많은 소책자, 제품 관련 자료 등을 제공합니다.

4. 궁금한 점에 대하여 답변할 수 있도록 당신의 고객 들에게 상위 스폰서와의 전화회의(conference call)에 참가하게 하십시오.

5. 프랜차이즈 설명회에 당신의 고객을 초대하십시오.

지역사업 모임의 유용성을 찾아보십시오. 사업 프레젠테이션은 고객의 믿음을 형성하는 좋은 방법입니다.

6. 당신의 고객과 직접 대면 할 수 있도록 시간을 정하십시오.

사업에 대해 사람들의 믿음을 형성하는 제일 좋은 방법은 그들과 만나는 것입니다. 당신의 고객과 잘 지내면 좋은 관계를 강화 할 수 있으며 그들에게 많은 정보를 주며 그들의 질문에 대답하며 어떤 것이 중요한지를 자세하게 설명할 수 있습니다. 만약 당신이 처음 시작한 프랜차이즈 오너라면 상위 스폰서가 어려움을 도와드릴 것입니다.

긍정적 프랜차이즈 결정을 얻기 위한 순서 요약

* 바이오스 라이프 프랜차이즈를 당신의 고객에게 소개하십시오.
* 각 고객의 관심을 찾아내십시오.
* 고객들을 관심 분야에 따라 분류 시킵니다.
* 그들의 질문에 대답하십시오.
* 결정을 하도록 하십시오.
* 필요하다면 그들의 믿음을 형성 하십시오.

다음 장에서는 당신의 새로운 프랜차이즈 사업가들이 어떻게 올바르게 시작하는지 도와 줄 것입니다.

추가 권장사항

* 일단 누군가에게 사업을 소개하였다면, 상대가 편안하게 느낄 수 있을 정도로 가능한 빨리 진행해야 한다는 것을 명심하십시오. 진행 속도가 빠르면 빠를수록 긍정적인 결과를 얻을 수 있는 기회는 더 많아 질 것입니다.

* 당신과 상대방 모두 전과정을 통하여 다음 단계를 명확하게 이해하고 있음을 확실히 하십시오. 이것은 만남에 대한 약속일수도, 컨퍼런스콜을 위한 약속일수도, 또한 지역 행사에 가기위한 약속일 수도 있습니다. 아무튼 당신은 상대와 다시 만나 얘기할 것을 확실히 해야 합니다. 어떠한 경우라도 만약 관심이 있는 상대를 만났을 때 다시 만날 것에 대한 약속을 잡지 않는다면 상대로부터 긍정적인 결정을 받아낼 수 있는 기회는 급격히 감소할 것입니다.

* 이 사업에 진심으로 관심을 갖고 있고, 또 더 많은 것을 배워보고자 기꺼이 시간을 내는 상대에 당신의 시간을 할애하도록 하십시오. 당신 내면의 본능을 따르십시오. 만약 상대가 관심이 없는 것처럼 보인다면 아마 상대는 정말 관심이 없는 것일 것입니다.

* 당신이 상대를 평가하고 있는 동안 상대도 당신을 평가하고 있음을 기억하십시오. 만약 상대가 당신을 좋아하고, 또 당신이 상대의 목표를 달성하는 데 도움이 될 것이라고 느낀다면 당신에게 더 많이 의지할 것입니다. 상대와의 관계를 강화하는데 힘을 쏟으십시오. 상대에 대한 진심어린 관심을 보이십시오. 당신이

상대를 도와주고 싶어하고 상대를 걱정하고 있다는 것을 보여주십시오.

* 모든 대화 가운데 상대에게 중요한 것이 무엇인지에 대해 초점을 맞추십시오. 당신에 대해 말하는 것을 피하도록 노력하십시오. 적절한 질문을 하는 법과 듣는 법을 배우십시오. 그리고 당신이 말할 때에는 상대방이 긍정적인 결정을 내릴 수 있도록 만들 수 있는 것들에 대해 말하십시오.

* 상대방이 성공을 향한 자신의 능력을 믿을 수 있도록 도와주십시오. 모든 사람의 마음 속에는 잘 나타내지는 않지만 실패에 대한 두려움이 있습니다. '내가 이 사업에서 진짜로 성공할 수 있을까?', 대부분의 사람들은 자신감이 없다. 따라서 자신감을 갖도록 도와 주는 것이 당신의 여러 가지 목표 중 하나입니다.

* 상대방이 왜 이 사업에 흥미를 느끼는지 이유를 알았다면, 그의 핵심 관심 사항에 초점을 맞추어 대화를 하십시오. 상대방으로 하여금 이 사업이 그에게 있어서 중요한 것을 성취하는 데 도움이 될 것이라는 것을 확신하게 하십시오. 당신의 말을 신뢰한다면 그 또한 자신을 신뢰할 것입니다.

* 숨어있는 질문에 귀 기울이십시오. 그것은 상대가 직접 물어보는 것은 아니지만, 당신은 그것이 기존의 대화와는 다르다는 것을 파악할 수 있을 것입니다. 만약 누군가가 걱정이 있다면 당신은 걱정거리에 대해 피하지 말고 얘기해야 한다는 것을 기억하시기 바랍니다. 만약 누군가가 주저하고 있다면 당신이 주의 깊

게 확인할 필요가 있는 이유가 있습니다. "저는 당신이 무엇 때문에 망설이고 있는지 궁금합니다. 혹시 말해줄 수 있습니까?"라고 말해보십시오.

* 당신의 후원자 또는 상위 파트너에게 상대방으로 하여금 긍정적인 결론을 끌어낼 수 있는 최고의 기술이 무엇인지 물어보십시오. 이 사업에서 성공하기 위한 하나의 열쇠는 이미 성공한 사람들로부터 배우는 것입니다.

* 당신의 업무를 수행하는 과정에서 당신의 결과를 개선시킬 수 있는 것이 무엇인지에 대해 중점을 두십시오. 당신이 당신의 사업을 개선시킬 수 있는 최고의 사람입니다. 각각의 단계를 검토하고 또 검토하고, 그리고 더 잘할 수 있는 것이 무엇인지 묻고 또 물으십시오. 당신의 결과를 개선시킬 수 있는 것을 배운다는 목표를 가지고 모든 지역 사업 설명회와 훈련 프로그램에 참가하십시오. 만약 모든 단계를 마스터하기 위해 노력한다면, 당신의 결과는 개선될 것이고 당신은 더 나은 멘토, 더 나은 리더가 될 것입니다.

10장. 새로운 프랜차이즈 사업가의
사업 시작 돕기

제10장

새로운 프랜차이즈 사업가의 사업 시작 돕기

지금은 당신이 감독 및 리더가 될 차례입니다. 당신의 새로운 프랜차이즈 사업가가 정확하게 사업을 시작하게 만드는 것은 당신의 성공에 대한 결정적인 증거가 될 것입니다. 당신의 새로운 프랜차이즈 사업가가 사업을 시작하였다는 것도 중요한 것이기는 하지만, 또한 당신의 성공 사례가 다른 많은 사람들이 새로운 프랜차이즈 사업가가 사업을 시작할 수 있게 만드는 패턴이 될 것입니다. 사업을 시작하게 만드는 과정을 정확하게 되풀이하는 것은 중요합니다. 이번 단계에서 당신은 새로운 프랜차이즈 사업가가 성공적으로 사업을 시작하게 만드는 방법을 배울것입니다. 이 단계에 주눅들 필요는 없습니다. 당신의 프랜차이즈 후원자 또는 당신의 상위 스폰서들이 당신을 도와줄 것입니다.

당신의 새로운 프랜차이즈 사업가가 남자, 여자, 또는 부부 일수도 있습니다. 설명을 쉽게하기 위해 가상의 인물을 설정하도록 합시다. 존이라는 새로운 프랜차이즈 사업가가 있다고 가정합시다. 존이 바이오스 라이프 프랜차이즈를 시작하겠다는 결정을 내릴 때, 당신은 미소를 짓고 그를 환영하십시오. 만약 당신이 그가 그런 결정을 내릴 때 곁에 있다면 그와 굳게 악수하고 그가 당신의 팀에 합류하게 되었음을 기쁘게 생각한다는 것을 알게 하십시오. 그리고 프랜차이즈 신청서를 작성하고, 양식에 서명하게 하십시오. 신청서를 작성한 후 하루 또는 이틀 후에 사업을 시작하기 위한 열 단계 과정을 검토하는 약속을 정하십시오. 이를 일반적으로 전략 회의라고 부릅니다. 새로운 프랜차이즈 사업가의 사업 결정이 있은 후 48시간 이내에 전략회의를 갖는 것은 매우 중요합니다. 만약 48시간이 지나면 흥미를 잃게 되고 새로운 프랜차이즈 사업가가 사업을 시작하게 하는 것은 훨씬 더 어려워 질 것입니다. 이외에도 모든 단계를 완료하는데 충분한 시간이 있다는 것을 확실히 알려주기 위한 2시간 동안의 전략 회의를 미리 구상해 보는 것이 좋습니다.

어떻게 말해야 하는가?

"존, 환영합니다. 당신은 이 사업에 대해 감사하게 될 것입니다. 저는 당신이 목표를 이룰 수 있도록 돕기 위해 당신 곁에서 일하고 싶습니다. 지금은 프랜차이즈 사업가 매뉴얼의 사업훈련 프로그램을 읽을 단계입니다. 이 서류를 읽으신 후 다시 만나서 당신의 목표에 바탕을 둔 계획을 구상하고 사업을 정확하게 시작하도록 할 것입니다. 이 전략회의를 위해 내일이나 모레쯤 다시 보는 것이 어떻겠습니까?"

확실한 약속 시간을 정하십시오. 약속 전 존에게 전화를 걸어 약속 장소와 시간에서 만날 수 있기를 기대한다고 말하십시오.

전화를 하는 동안에는 『시작하기』를 읽어봤는지 물어보십시오.

만약 읽지 않았다면 그 장을 꼭 읽게 하십시오. 이러한 준비를 통해서 그와 함께 할 시간이 더 생산적이 될 것입니다.

전략회의 시작

당신이 존을 만날 때, 여기 당신이 사업을 시작하는 10단계를 시작하기 전해 해야 할 것이 있습니다.

* 팀을 만들고 같이 일할 수 있다는 기회에 대해 진심어린 열의를 보이십시오.
* 당신의 목표는 그가 올바른 결정을 했다는 확신을 갖도록 만드는 것입니다.
* 바이오스 라이프와 유니시티 인터내셔널 제품에 대한 당신의 열의를 표현하십시오.
* 사업을 시작하기 전에 걱정이나 질문이 있는지 물어보십시오.

사업 시작을 위한 10단계 재검토
1단계. 바이오스 라이프 프랜차이즈 사업가 되기

만약 당신의 새로운 프랜차이즈 사업가가 결정을 내리는 시간에 같이 있었다면 당신은 이 단계를 이미 마쳤을 것입니다. 만약 이 단계를 마치지 못했다면 프랜차이즈 신청서를 받아서 지금 작성하십시오. 창업자와 함께 서류를 작성한 다음 모든 정보가 정확한지 창업자에게 검토하게 하고 서류 하단에 서명하도록 하십시오. 이 서류가 마무리 되었다면 전화 또는 팩스를 통해 그 사실을 알리고 그의 첫번째 주문을 하십시오. 그의 신청서가 정확하게 진행되고 있다는 것을 확인하는 것은 당신의 책임입니다.

2단계. 목표 설정

이번 단계에서는 창업자가 왜 바이오 라이프 프랜차이즈를 시작하고자 하는 지에 대한 이유를 정확히 이해하는 것입니다. 그의 목표를 검토하고 그에게 설명하도록 하여 그 이유를 파악해야 합니다. 당신은 왜 그가 이 사업을 하기를 원하는지 이해하면 할수록 그에게 방향과 충고를 제시하는 데 더 많은 준비가 될 것입니다.

3단계. 시간투자 결정

이 단계에서는 창업자가 그의 프랜차에즈에 투입하는 시간을 정해야 합니다. 당신은 또한 그가 프랜차이즈를 위해 적극적으로 투입하는 날, 투입 가능한 시간을 알 필요가 있습니다. 그의 업무 알림표를 같이 보고 이러한 점들에 대해 토의하십시오. 대화중에는 그로 하여금 당신이 당신의 사업을 이끌기 위해 투입했던 시간을 알게 하십시오. 그리고 그의 사업을 구성하기 위해당신이 도울 수 있는 당신과 그가 모두 가능한 시간을 정하십시오. 창업자가 당신의 시간을 투자할 만한 사람인지 아닌지 판단하는 것은 당신의 심사숙고에 의한 판단에 따르십시오.

4단계. 리스트 작성(명단)

이 단계에 들어서면 존에게 그가 알고 있는 것에 대한 리스트를 만들었는지 물어보십시오. 만약 이미 만들었다면, 시간을 내서 그의 리스트를 보십시오. 그리고 당신이 리스트를 만들 때 당신이 했던 도움이 될 만한 것을 알려주십시오. 그가 창의적일 수 있도록 그리고 그의 리스트를 할 수 있는 한 많은 사람에게 리스트를 작성하도록 격려하십시오. 18장의 『가망고객 발굴 방법』을 참조하십시오.

5단계. 30일 행동 계획 정리

창업자가 30일 행동 계획을 정리하는 것을 돕는 것은 그가 성공적인 출발을 할 수 있도록 하는 데 가장 중요한 단계입니다. 이 시점에서는 창업자에게 30일 행동 계획표를 작성하게 하십시오. 여기서는 여분의 계획표를 가져오는 것이 좋습니다. 각 단계별 작업표를 같이 검토하고, 그가 그의 목표를 달성하기 위한 계획을 설계하도록 도우십시오.

6단계. 자동 배송 프로그램 신청

이 단계에서는 바이오스 라이프 프렌차이즈 오너가 자동 배송 프로그램에 신청하는 것의 장점을 분명히 이해 시키도록 하십시오. 만약 그가 자동 배송 프로그램에 신청하는 것에 동의한다면 자동 배송 프로그램 계약서를 작성하도록 도와주십시오.

계약서를 작성하였다면 서명을 받으십시오. 자동 배송 프로그램이 작성되었다면 주문이 발주되었다는 것을 확실히 할 필요가 있습니다. 전화를 통해 신청여부를 확인하십시오. 그리고 주문이 적법하게 취급되고 있다는 것에 대해 책임을 져야 합니다.

7단계. 적당한 첫 제품 주문

프랜차이즈 창업자가 첫 장을 읽었다면, 이 단계를 위해 준비해야 합니다. 이 단계에서는 첫주문을 해야하는 이유와 주문의 크기를 결정하는 것에 대해 그와 검토하는 것이 현명한 방법입니다. 여기에서 당신의 목표는 프랜차이즈 창업자가 그의 목표와 목적을 가지고 꾸준하게 주문 후 사용하도록 하는 것입니다.

이러한 점들을 검토한 후에 그가 주문서를 작성하는 것을 돕도록 하십시오. 주문서가 작성되었다면, 주문서가 처리된 것에 대한 책임을 져야 합니다. 주문은 전화, 팩스, 또는 인터넷을 통해할 수 있습니다.

8단계. 판매 보조 용품 주문

여기에서 당신의 목표는 프랜차이즈 창업자가 적절한 판매 도구를 가지고 사업을 설계하기 시작하고 있다는 것을 확인하는 것입니다. 당신의 경험과 그의 목표를 바탕으로 그가 구매하도록 추천하였던 보조용품 리스트를 재검토하십시오. 프랜차이즈 오너가 프랜차이즈를 시작하는 데 필요한 도구들을 가질 수 있도록 가능한 빨리 주문합니다. 당신은 전화, Fax, 또는 인터넷을 통해 주문할 수 있습니다.

9단계. 명함·스티커 발주

프랜차이즈 창업자가 그의 사업을 시작하면, 창업자는 잠재고객 또는 프랜차이즈 사업가에게 건네 줄 명함·스티커를 필요로 할 것입니다. 프랜차이즈 창업자가와 명함·스티커 제작에 대해 논하십시오.

10단계. 바이오스 라이프에 대해 알아가기

이 단계에서 당신의 목표는 바이오스 라이프 창업자가 바이오스 라이프에 대해 알아가는 것의 중요성을 이해하는 것의 중요함을 알게 하는 것입니다. 그가 프랜차이즈 사업가 설명서의 제품에 관한 장을 읽도록 하십시오. 만약 당신이 다른 도구나 웹사이트가 당신이 보기에 그의 사업에 도움이 될 만하다고 생각한다면 지금 바로 사용할 수 있도록 권장하십시오.

앞에서 언급한 10단계는 이 사업을 정확하게 시작하는 가장 중요한 활동들입니다. 만약 전략회의를 위해 새로운 프랜차이즈 사업가와 만나고 있으나 시간이 적다면 다음의 단계에서 당신 시간의 초점을 맞추십시오.

* 프랜차이즈 신청서 작성

* 제품 주문
* 판매 보조용품 주문
* 명함 · 스티커 제작

 이 단계를 마쳤으면 적어도 사업은 시작되었다고 할 수 있고, 상품과 판매 보조용품들이 당신의 새로운 동업자에게 발송될 것입니다. 하지만 이외의 6단계 또한 필수적 요소이기 때문에 절대 간과해선 안된다는 것을 기억하기 바라며 시간이 나는 대로 가능한 빨리 나머지 6단계를 마무리하기 바랍니다. 만약 프랜차이즈 사업가가 먼 거리에 있다면 전화를 통해서 동일한 과정을 마무리하십시오.

전략 회의에 필요한 것
 각 전략 회의에 다음의 문서를 준비하십시오.

* 프랜차이즈 신청서
* 자동 배송 프로그램 계약서
* 제품 주문서
* 30일 행동 계획표 사본

> 언제나 사업가에게 모범을 보임으로써
> 사업가가 닮고 싶어하는
> 최상의 본보기가 될 수 있도록 하십시오.

위대한 리더란?

당신이 새로운 프랜차이즈 사업가를 후원할 때 당신은 좋은 멘토와 스폰서가 되어야 합니다. 당신이 해왔던 모든 일들을 당신의 멘토와 새로운 파트너들에게 어떻게 배워왔는지 가르치십시오. 다른 어떤 조직보다도 이 사업에 있어서 따라하기는 성공을 위해 중요한 역할을 합니다. 당신의 목표는 훈련 과정에서 각각의 단계별로 마스터가 되는 것입니다. 당신이 하는 것에 있어서 최고가 되기 위해 노력하십시오. 그리고 다른 사람들이 최고가 될 수 있도록 도우십시오. 다음 장에서는 사업가를 지원하고 가르치는데 더욱 더 성공적인 방법들에 대해서 공유하도록 하겠습니다.

11장. 프랜차이즈 사업가 지원

제11장
프랜차이즈 사업가 지원

만약 다른 바이오스 라이프 프랜차이즈 사업가와 광범위한 네트워크를 만들고 싶다면 네트워크를 어떻게 효과적으로 이끌고 지원하는지 배울 필요가 있습니다. 지금 당신이 사업을 시작하였다면 당신의 첫번째 목표는 제품을 판매하고 새로운 프랜차이즈 사업가를 모집하는 것입니다. 당신이 현재 신규 사업가를 모집하고 있다면, 당신의 다음 목표는 그에게 어떻게 제품을 판매하는지, 어떻게 바이오스 라이프 프랜차이즈 사업 모델을 다른 사람들에게 소개하는지 가르치는 것입니다. 그러면 당신의 사업이 성장할 것이고, 당신의 프랜차이즈가 성장할 수 있도록 지원하고 지도해야 할 것입니다.

이 장에서는 당신 사업의 지도자가 되기 위해 필요한 기본적인 것들에 대해 얘기해 보도록 하겠습니다.

멘토와 스폰서로서 당신의 역할
1. 따라하기

이 훈련을 받는 동안 스트레스가 쌓였기 때문에 당신에게 가장 중요한 일은 따라하기의 중요성을 기억하는 것입니다. 따라하기가 없이는 당신의 팀은 성공할 수 없습니다. 따라하기는 바이오스 라이프 프랜차이즈가 사업 모델이 설립된 근간입니다.

이 사업에서 성공하기 위해서는 당신의 시스템을 갖추고 다른 사람들을 가르쳐야만 합니다. 프랜차이즈 산업에서는 새로운 프랜차이즈 사업가의 성공은 거기에 사용된 시스템에 달려있다고 볼 수 있습니다. 바이오스 라이프 프랜차이즈도 마찬가지입니다. 지난 몇 년 동안 최고의 프랜차이즈 사업가들은 이 산업에 있어서 가장 성공적인 리더들이 되었습니다. 그들은 팀을 이뤄 시스템을 가다듬고 따라하기를 통해 예측 가능한 결과를 꾸준히 제공했습니다. 이런 이유 때문에 당신이 훈련 프로그램을 숙지하고 사업가에게 가르칠 것을 강조하는 것입니다.

　인간의 본성은 좀 더 빨리, 그리고 쉽게 결과를 기대합니다. 새로운 프랜차이즈 사업가로서 훈련 시스템을 숙지하는 것이 가장 현명한 방법입니다. 그러면 당신은 성공적인 리더가 될 것이고, 시스템을 더욱 더 세련되게 만들 수 있을 것입니다. 만약 당신이 뭔가 새로운 방법을 시도한다면 이를 투자라고 생각하십시오. 마치 증명되지 않은 투자에 모든 돈을 사용하지는 않듯이 당신의 새롭고 창의적인 아이디어에 당신의 모든 시간을 투자하지는 마십시오. 당신이 프랜차이즈 사업을 정확하게 시작하고, 훈련 프로그램을 통해 모든 과정을 제대로 따라하는 것만이 성공에 다다르는 가장 빠른 길입니다. 새로운 프랜차이즈 사업가를 가르치는 가장 효과적인 방법은 당신이 원하는 바를 보여줌으로써 사업가가 따라하게 만드는 것입니다.

2. 의사 소통

새로운 프랜차이즈 사업가를 가르칠 경우, 의사 소통을 명확하게 하십시오. 특수 용어를 사용하지 말고, 항상 듣는 사람과 동일한 수준에서 말하십시오. 그리고 당신이 말하고 있는 것을 상대방이 이해하고 있다는 것을 확인하십시오. 상대방에게 무엇을 하라고 지시하기 보다는 왜 그것을 해야 하는지, 그리고 무엇을 해야 하는지 설명하십시오. 무엇을 왜 하는지 이해하는 사람만이 그것을 상대방에게 가르칠 수 있습니다.

사람은 행동을 통해서 가장 잘 배우기 때문에 훈련과정, 행사, 계획 등 당신이 할 수 있는 모든 것에 상대방을 참여시키십시오. 미국의 오랜 속담에 다음과 같은 말이 있습니다. '내게 말하면 난 잊어버릴 것이지만, 내게 보여주면 아마 기억할 수 있을 것입니다. 하지만 내가 직접 한다면 난 그것을 이해할 것입니다.'

만약 새로운 사업가가 과정에서 이탈하는 일이 생긴다면 왜 이탈하는지 이해할 수 있도록 상대방을 도와주십시오. 대부분의 경우 사람들은 뭔가를 정확히 이해하지 못하기 때문에 과정에서 이탈하는 것이기 때문입니다. 상대방의 잘못된 점을 정정하고자 할 때에는 가장 긍정적이고 신중한 방법을 찾도록 하십시오. 당신의 프랜차이즈 사업가와 대화를 할 때에는 항상 긍정적이고 명랑한 모습을 보이십시오.

당신의 프랜차이즈 사업가는 당신의 에너지와 열의를 먹고 성장합니다. 상대방과 대화할 때에는 부정적인 화제는 가급적 다루지 마십시오. 만약 당신에게 문제가 있다면 당신의 상위 파트너에게 도움을 구하십시오. 만약 당신의 프랜차이즈 사업가가 당신이 무슨 이유에서든지 낙심하고 있다고 생각한다면 그도 낙심하게 될 것입니다. 또한 개인 신상문제는 가급적 피하십시오.

당신의 새로운 프랜차이즈 사업가와 적어도 이틀에 한번씩은 대화하도록 하십시오. 이것은 그들이 다른 사람들에게 전화를 하고 30일 행동 계획표를 잘 이행하고 있는지 확인하고자 함입니다. 만약 당신이 상대방이 목표를 이루는데 책임을 지지 않는다면 어느 누구도 성공할 수 없을 것입니다. 적어도 이틀에 한번씩 전화하는 것은 훌륭한 스폰서가 되는 길입니다. 상대방과 대화할 때에는 지난 번 대화 이후에 무엇을 했는지 검토하십시오.

만약 상대방이 다른 사람들에게 전화를 걸었다면 어떻게 되었는지 확인하십시오. 대화를 통해서 상대방이 당신과 동행하게 하고 당신의 경험을 통해 상대방을 도울 수 있을 것입니다.

3. 신뢰 구축

신뢰는 권한을 부여하는 것입니다. 바이오스 라이프를 믿고 바이오스 라이프 프랜차이즈 사업 모델을 믿는 것은 성공적인 사업을 구축하기 위한 가장 중요한 요소입니다. 경험이 없는 프랜차이즈 사업가들은 당신이 가지고 있는 신념과 동일한 수준의 신념을 가지고 있지 않다는 것을 인식하십시오. 그들은 여전히 긍정적인 결과를 나타낼 수 있을 지 제품의 효능에 대해 의심하거나 성공할 수 있을 것이라는 자신의 능력에 대해 냉소적일 수 있습니다. 결과적으로 당신은 신념을 구축하는 사람으로서의 자신의 역할을 계속적으로 인식해야만 합니다. 감독으로서 당신은 당신의 새로운 파트너들이 신념을 구축하고 바이오스 라이프 프랜차이즈와 바이오스 라이프의 장점을 신뢰할 수 있도록 계속적으로 그들을 이끌어야 합니다. 당신은 새로운 자료 또는 세미나를 추천하거나 앞으로 있을 행사에 참가할 것을 상기시켜 줌으로서 신념을 구축할 수 있을 것입니다. 행사에 참가하는 것은 당신의 새로운 파트너가 신념을 갖도록 하는 데 효과적인 방법입니다. 당신은 모든 지역, 국가적 행사에 참가할 것이라는 목표를 설정하십시오. 그리고 당신의 파트너가 당신과 함께 하도록 이끄십시오. 만약 당신이 가지 않는다면 당신의 파트너 또한 가지 않을 것입니다.

4. 시간과 에너지 관리

가장 성공적인 프랜차이즈 사업가들은 그들의 주어진 시간을 가장 효율적으로 사용할 줄 아는 사람들입니다. 오늘 하루는 모두에게 동일한 시간입니다. 하지만 어떻게 주어진 시간을 소비하느냐가 우리가 도달할 수 있는 성공의 수준을 결정합니다. 당신의 성공은 당신이 바이오스 라이프 프랜차이즈를 구축하기 위해 할당하는 시간이 얼마나 생산적인지에 달려 있습니다. 시간을 생산적으로 사용하기 위한 핵심은 일의 우선 순위를 정한 후 가장 중요한 일에 첫 시간을 할애하는 것입니다. 새로운 프랜차이즈 사업가로서 당신에게 가장 중요한 일은 새로운 고객과 신규 프랜차이즈 사업가를 발굴하는 것입니다. 만약 당신이 다른 보통의 신규 프랜차이즈 사업가와 같다면 첫 6개월 동안은 대부분의 시간을 여기에 활용할 것입니다.

새로운 프랜차이즈를 설립하는 단계에서는 당신의 목표를 달성하는데 모든 활동의 초점을 맞추십시오. 매일 스스로에게 질문하십시오. '지금 내게 가장 중요한 것이 무엇인가?' 그리고 계획표를 보고 당신이 지금 가장 중요한 활동이라고 생각하고 있는 것을 하고 있는지 확인하십시오. 배우려는 의지가 있는 사람만을 가르치십시오. 항상 에너지를 조절시키십시오. 신규 프랜차이즈 사업가가 자신의 사업을 구축하는데 사용하는 에너지만큼만 당신의 에너지를 사용하십시오. 다른 사람을 돕는데 사용하는 당신의 시간을 관리하는 것은 당신의 성공을 위해서도 중요합니다.

당신은 스폰서, 혹은 코치라는 것을 기억하십시오. 신규 프랜차이즈 사업가들이 이전 사업에서 어떠한 성공을 했다고 하더라도 당신은 그들이 아는 것보다 이 사업에 대해 많은 것을 알고 있다는 것을 기억하십시오.

지원자로서의 역할

1. 관계 구축

성공적인 사업은 관계로부터 시작되며, 따라서 당신의 고객 및 하위 파트너와 마음이 맞는 관계를 구축하는 데 초점을 맞추어야만 합니다. 당신의 상위 파트너가 당신을 이끌어 주었듯이 당신도 하위 파트너와의 따뜻한 관계를 구축하도록 하십시오.

그리고 당신이 하위 파트너를 사업 파트너로서 뿐만 아니라 사람으로서 걱정하고 있다는 것을 기억하게 하십시오. 결코 다른 사람으로 하여금 당신의 성실성 또는 개성을 문제시하게 만드는 일은 하지 마십시오. 당신이 지원하는 사람들과 일생동안의 관계를 건설하기 위하여 노력하십시오. 만약 누군가가 당신을 신뢰하지 않는다면 당신을 존경하지 않을 것이고, 또 다른 사람들에게 이 사실에 대해서 얘기할 것이라는 것을 기억하십시오.

2. 팀 이끌기

프랜차이즈는 리더십에 근거한 사업이며, 당신은 당신 팀의 리더입니다. 당신의 주요 책임은 가르치고, 고무하고, 동기를 부여하고, 충고하며, 상대방이 혼자서는 이룰 수 없는 성공의 높이에 도달하게끔 도와 주는 것입니다.

당신의 하위 파트너에게 당신이 언제나 곁에 있다는 것을 알게 하십시오. 훌륭한 경청자가 되십시오. 그리고 상대방이 문제를 해결할 수 있도록 좋은 충고를 하십시오. 핵심 하위 파트너의 일정표 사본을 얻어 그가 목표하는 것을 성취할 수 있도록 모든 것을 도와 주십시오. 그가 자신의 목표를 분명히 하고 성공을 위해서 가야 할 방향을 설정하는데 도움이 되도록 하십시오.

실수를 피하고 시간을 절약하며 돈과 에너지를 낭비하지 않고, 효과적인 전략을 세울 수 있도록 충고하십시오. 힘들면 힘들수록 낙심하지 않도록 노력하십시오. 기업가의 삶은 다른 어떤 수단을 통해서도 얻을 수 없는 보상을 줍니다. 이러한 보상은 실패와 좌절이 따르기도 합니다. 핵심은 당신의 실패와 좌절로부터 배우는 것이고, 매일 더 가치있는 사람이 되기위해 노력하는 것입니다. 당신이 직면하는 도전과 함께 당신도 성장하고 성숙할 것입니다.

3. 격려와 인정

다른 사람을 격려하는 사람이 되십시오. 그 첫 걸음은 당신의 새로운 프랜차이즈 사업가와 함께 하는 것입니다. 대부분의 사람들은 새로운 사업을 시작할 때 그들의 손을 붙잡아 주길 원합니다. 당신의 팀원이 오늘 누구인가를 생각하기 보다 내일 어떤 사람이 될 것인지 생각하도록 하십시오. 팀을 성공적으로 구성하는 것과 성공에 도달하는 것이 정비례한다는 것을 기억하게 하십시오. 보상의 형태로 카드, 전화통화, 작은 선물들로 당신의 팀원을 격려하고 성공적인 일에 대해 인정하도록 하십시오.

인정하는 것은 하위 파트너로부터 당신이 원하는 결과를 가져올 행동을 강화하는 훌륭한 수단입니다. 인정의 형태로는 손으로 쓴 감사 편지 또는 카드와 같이 간단한 것들이 적절할 것입니다. 당신으로 하여금 칭찬하게 만들었던 일에 대해서 가능한 빨리 그리고 구체적으로 명시하십시오.

> 할 수 있다는 것을 믿어라.
> 당신이 뭔가 할 수 있다는 것을 믿을 때, 정말로 믿을 때,
> 당신의 마음이 길을 찾을 것입니다.
> 해결될 것이라는 것을 믿을 때 해결을 향한 길이 열릴 것입니다.
> - 데이비드 슈바르츠 박사 -

바이오스 라이프 프랜차이즈를 사업한다는 것은 당신의 인생에 있어서 최고의 보상을 경험하게 할 것입니다. 바이오스 라이프 프랜차이즈는 당신이 절대 가능하지 않다고 생각하는 것을 가능하게 할 것입니다. 또한 바이오스 라이프 프랜차이즈는 극히 소수만이 누릴 수 있는 삶의 질, 라이프 스타일을 경험하게 할 수 있습니다. 이제 남은 것은 당신이 매일의 성공을 위해 무엇을 해야 할 지에 대해 배운 것을 실천하는 것입니다. 여기 당신을 위해 당신의 상위 파트너 그리고

기업 모두가 있습니다.

당신의 목표와 꿈을 성취하기 위해 그들의 도움을 받으십시오.

12장. 의료 서비스 제공자를 위한 전략

제12장
의료 서비스 제공자를 위한 전략

많은 바이오스 라이프 프랜차이즈 사업가들은 의사, 간호사, 개업의사, 건강관리 전문가입니다. 당신이 건강관리 전문가라면 바이오스 라이프 프랜차이즈는 높은 콜레스테롤, 당뇨병, 중성지방, 비만, 그리고 심혈관질환 예방에 수반되는 위험에 관하여 당신의 지역 사회를 교육하는데 당신의 전문가적 의견을 이용할 수 있는 보상 기회를 제공합니다. 당신이 일상적으로 다루는 일 이외에도 많은 사람들의 생활에 충격을 줄 수 있는 능력을 갖고 있다는 것은 직업적으로나 경제적으로 극단의 즐거움을 줄 수 있을 것입니다.

지역 사회에서 존경받는 건강관리 서비스 공급자로서 당신은 바이오스 라이프 프랜차이즈를 구축하는데 지식 및 명성을 수많은 여러 가지 방법으로 이용할 수 있습니다. 이 장에서는 다른 건강관리 전문가들이 수년간 많은 사람들에게 바이오스 라이프와 그 장점에 대해 가르쳤던 것들에 대해 얘기하도록 하겠습니다. 여기 제안된 아이디어를 고려할 때 다음의 질문을 스스로에게 던져보십시오.

* 나의 가장 강한 재능은 무엇인가?
* 무엇을 하는 것이 즐거운가?
* 대중앞에서 말하는 것을 좋아하는가? 아니면 소그룹이나 1대1 면담 형식에서 더

편안함을 느끼는가?
* 내가 바이오스 라이프를 나의 치료 계획에 포함 시킬 수 있는 권한이 있는가?
* 지역사회 뿐만 아니라 국내 또는 해외에 바이오스 라이프를 알려줄 만한 동료가 있는가?

웰리스 프로그램 (Wellness Program)
1. 대규모 강연계획

교회, 육성회, 지역 모임, 도서관에서 파워포인트로 심혈관질환에 관한 발표를 30~40분 동안 할 수 있습니다. 여성 모임에서 『여성과 심혈관질환』이라는 주제로 발표자가 될 수 있습니다. 당신이 몸담고 있는 소기업이나 대기업에서 건강관리 프로그램을 발표하겠다고 제안하십시오. 많은 기업은 건강한 사원들이 결과적으로 좋은 생산성으로 이어지는 것을 알고 있기 때문에 건강관리전략에 참여하는 직원에게 인센티브를 줍니다. 공립학교에서 학생들을 위한 복지 건강관리 프로그램의 발표를 지원하십시오. 바이오스 라이프를 언급하지 마십시오. 그러나 발표후에 교사들에게 명함을 주거나 당신의 전문분야가 자연스러운 콜레스테롤 관리라는 사실을 알려 그들과 유대감을 쌓을 기회를 만드십시오. 그들이 아는 사람을 소개하는 경우 감사함을 표시하십시오. 대부분의 전문가 그룹은 상공회의소, 로터리 클럽, 라이온스 클럽처럼 매달 열리는 지역 모임이 있습니다. 다음 모임에서 발표자가 되고 싶다고 제안하십시오. 이것은 네트워킹을 위한 훌륭한 기회입니다.

2. 소규모 세미나 계획
보험 회사의 직원들에게 콜레스테롤을 자연스럽게 낮추는 정책을 고객들이 고를 수 있도록 돕는 방법에 대해 교육하고 싶다고 보험회사에 문의를 하십시오. 콜레스테롤과 혈당을 조절하는데 관심이 있는 사람들에게 사무실에서 설명을 할 수도 있습니다. 건강관리 프로그램을 병원 직원들에게 설명하십시오. 그들은 환자들을 돌보느라 스스로를 돌 볼 시간이 없습니다.

건강 설명회(Health Fairs)
1. 심장 건강 부스의 스폰서가 되라
무료로 혈압을 측정해 주고 저렴한 값으로 현장에서 콜레스테롤을 측정해 주는 심장 건강 부스를 설치할 수 있는 곳은 많습니다. 혈액 검사의 결과를 기다리는 동안 치료제를 대체할 수 있는 것에 대해 이야기를 나누십시오. 분위기가 좋으면 바이오스 라이프를 소개할 수 있습니다.

많은 사회 단체에서 연례 건강 세미나를 실시합니다. 그 중 여러 곳에서 무료로 지방 수치를 측정하기 위해 지역 병원을 초대합니다. 병원의 콜레스테롤 측정 부스 옆에 당신의 부스가 설치될 수 있는지를 물어보십시오. 측정을 마치고 나오는 사람들에게 결과를 물어보고 수치를 좋게 만드는 방법에 대한 방법을 교육할 수 있습니다. 많은 헬스클럽에서 건강 설명회를 열고 있습니다. 헬스클럽 매니저에게 다음 번 설명회에 참여할 수 있는지를 물어보십시오. 계획된 것이 없다면 하나를 만들겠다고 제안하십시오. 이 기회를 이용해서 다른 건강 관련 종사자들과 유대를 쌓으십시오. 영양사, 간호사, 마사지사, 지압사, 검안사, 발지압사, 자연요법 의사에게 건강 제안하는 것을 고려하십시오.

2. 적극적인 전시활동

바이오스 라이프를 부스에서 전시하십시오. 바이오스 라이프의 샘플을 섞어서 전시하고 작은 종이컵에 시음을 할 수 있도록 준비하십시오. 또 다른 좋은 생각은 바이오스 라이프 안내 자료나 파워포인트 설명을 제공하는 노트북 컴퓨터를 가져다 놓는 것입니다. 당신의 부스에 여분의 의자를 마련하십시오. 사람들은 편안하면 앉아서 보고 들을 것입니다. 심장에 좋은 제품을 바구니에 담아서 랩으로 포장하여 전시하십시오. 이것을 경품 당첨으로 이용하십시오. 경품 당첨을 위해 사람들이 작은 양식을 작성하거나 명함을 유리로 된 상자에 넣도록 하십시오.

3. 홈미팅 계획 및 실행

집에서 건강 설명회를 열 계획을 세우십시오. 이것은 당신의 집, 사무실, 전문적인 사무실의 대기실에서 저녁이나 주말에 가능합니다. 당신이 할 수 있는 한 많은 사람들을 초대하십시오.

소수라도 상관없습니다. 이것은 격식을 차리지 않는 편안한 미팅입니다. 바이오스 라이프 자료를 이용해 설명을 시작하십시오. 고객들과 함께 바이오스 라이프를 혼합해 음용해 보십시오.

좀더 많은 정보를 원하는 고객에게는 자료를 집으로 보내십시오.

교육적인 광고의 기회
1. 신문, 잡지, 라디오, TV에 투고

건강관련 기사를 쓰고 지역 신문이나 잡지에 기고해 보십시오. 지역 신문에 주간 또는 월간 컬럼을 쓰기를 제안할 수 있습니다. 그런 글을 쓰기 위해 당신의 자격증을 활용하십시오. 교회 소식지에 정기적으로 건강 컬럼을 쓰겠다는 제안을 하십시오. 바이오스 라이프에 관한 내용이 아니라 일반적인 내용을 쓰십시오. 예를들어 섬유질의 역할, 식물스테롤, 콜레스테롤을 낮추는 방법 등. 글 마지막에는 심장의 건강 상태를 점검하거나 유해한 부작용이 있는 처방제를 피할 수 있는 방법을 검토하기 위한 무료 상담을 위해 연락처를 기재하십시오. 지역 라디오나 TV에 출연을 제안하십시오. 때때로 당신은 전문적인 인터뷰를 위해 비용을 들일 수도 있지만, 그런 비용은 가치가 있습니다.

바이오스 라이프를 지역 신문이나 잡지에 싣는 일은 당신의 사업과 제품을 알리는 훌륭한 방법입니다.

> 광고 없이 사업을 한다는 것은
> 어두운 곳에서 여자에게 윙크를 하는 것과 같습니다.
> 당신은 당신이 하는 일을 알고 있지만
> 누구도 그런 사실을 모릅니다.
> - 스튜어트 헨더슨 -

광고에 당신의 모든 예산을 소비하지 마십시오. 고객을 확보하는 가장 좋은 방법은 입소문을 통해서입니다.

2. 판매보조용품(Tool)을 지역적으로 배포하라

www.bioslife.com에서 바이오스 라이프 보조용품을 활용하십시오. 이런 정보물을 당신의 이웃에게 배포하십시오. 이런 정보물을 간호사 또는 의사들의 휴게실에 있는 우편함에 넣을 수 있습니다. 언제나 바이오스 라이프 명함을 함께 넣으십시오. 당신의 바이오스 라이프 명함을 가능한 한 많이 소매 또는 전문매장에 놓으십시오. 당신의 이름 뒤에 자격사항을 기입하십시오.

이렇게 하면 광고에서 좀더 많은 신용을 얻을 수 있습니다.

다른 건강 관련 전문가들과의 연합

당신 지역의 모든 헬스클럽에 연락하십시오. 전화번호부에 있는 모든 헬스클럽 전문가와 요가 강사에게 연락하십시오. 당신도 그들이 필요로 하는 참고인이 될 수도 있기 때문에 좋은 관계를 쌓을 수 있도록 그들과 만나십시오. 당신은 그들과 자료를 공유하거나 바이오스 라이프를 알기 위한 설명회로 그들을 초대함으로써 건강 관련자들에게 영향력을 줄 수 있습니다. 당신이 다른 건강 관련 전문가들과 팀을 이룬다면 당신과 함께 건강 설명회에 참석하도록 초대할 수 있습니다. 이런 행사에서 다양한 경험을 쌓은 것은 인상적이며 영향력이 있는 일입니다. 당신의 동료들에게 간단한 편지를 보내십시오. 당신의 새로운 노력에 대해 그들에게 알리는 것은 좋은 방법입니다. 당신의 바이오스 라이프를 간단히 볼 수 있도록 편지를 디자인 하십시오. 그들의 건강에 아주 도움이 될 수 있음을 적으십시오. CD나 여러 참고할 만한 자료를 편지에 동봉하고 1주일 후에는 확인 전화를 하십시오. 그들이 당신에게 전화할 때까지 기다리지 마십시오.

바이오스 라이프를 당신의 치료 계획에 적용하기
1. 시스템 구축

바쁜 의료 행위 중에 바이오스 라이프에 관하여 환자를 교육시킬 보조 직원을 교육하는 일은 필수적입니다. 이것을 전형적인 절차의 일부로 만드십시오. 정수기 바로 옆에서 환자들을 교육하는 사무실이 많습니다. 사무실에서 바이오스 라이프 컴플리트를 섞어서 흔들고 종이컵에 따릅니다. 환자, 간호사, 의사, 보조원 모두가 마실 수 있습니다. 당신의 건강을 위해서. 그런 다음, 좋지 않나요? 라고 말합니다. 이런 식으로 환자들은 이것의 맛이 좋다는 것을 알고 주저않고 그것을 주문합니다. 바이오 라이프를 권하는 모든 환자들마다 바이오스 라이프가 담긴 종이컵을 설명지와 함께 나주어 주어야 합니다. 고객이 아직 바이오스 라이프를 받지 못한 경우 당신의 바이오스 라이프 2개월 이상분을 고객에게 주어 당장 이용할 수 있도록 합니다.

2. 심혈관건강에 도움이 되는 품목을 선정해 놓으십시오.

고객서비스 센터에 전화를 해서 심혈관에 좋은 제품들을 확인하십시오. 필요로 하는 다른 제품이 있는 경우 그 목록을 확인하십시오. 대부분의 의료진들은 정기적으로 오메가라이프-3, 셀룰라 에센셜 플러스 팩 등을 추가적으로 추천하고 있습니다.

3. 지속적인 바이오스 라이프 고객을 확보하라

60~90일 후에 고객이 회원가입을 할 수 있도록 계획을 세우십시오. 결과가 긍정적이고 아직 자동배송 주문을 하지 않은 경우 자동배송 주문의 일정을 설명하고 가입을 유도하십시오.

13장. 바이오스 라이프 제품 교육

제13장

바이오스 라이프 제품 교육

바이오스 라이프는 세계에서 가장 큰 질병인 심혈관 건강을 위하여 개발된 세계적인 제품입니다. 바이오스 라이프의 장점을 알고 이것의 효과적인 4가지 메커니즘을 알면 든든한 고객층을 확보하고 바이오스 라이프 프랜차이즈를 확장하는 데 도움이 될 것입니다. 이런 정보의 일부는 전문적이고 이해하기 어려울지도 모릅니다. 학습을 계속하고 이 지침을 유용한 출처로 보충하십시오.

바이오스 라이프가 어떻게 작용되는가? 4가지 주요 메커니즘

바이오스 라이프는 4가지 서로 다른 메커니즘의 독특하고 특허를 받은 배합을 통해 체내 콜레스테롤 수치를 최적화하는 제품입니다.

1. 담즙산의 재흡수를 억제하고 콜레스테롤의 체내이용률 항상
2. 섭취한 콜레스테롤의 흡수차단
3. 간에서 콜레스테롤의 합성 저해
4. 효소에 의한 콜레스테롤 분해능력 강화

1. 첫번째 메커니즘 - 담즙산의 재흡수 방해 및 콜레스테롤의 체내 이용률 향상

콜레스테롤 수치를 최적화하기 위해 바이오스 라이프에서 사용하는 첫번째 생물학적 메커니즘은 담즙산 제거입니다. 이 메커니즘의 기능은 담즙산 내의 콜레스테롤 제거 및 차단입니다.

이것은 사실상 바이오스 라이프가 위장의 담즙산을 차단(제거) 할 수 있다는 것을 의미합니다.

담즙산이 어떻게 작용하는가?

담즙산은 음식물에서 지방을 소화시키는 생물학적 분자입니다. 그것은 콜레스테롤을 사용하여 간에서 만들어집니다. 담즙산이 형성되면 쓸개로 이동합니다. 쓸개에서 산, 콜레스테롤, 기타 분자들이 쓸개즙으로 응축됩니다. 장으로 들어간 지방은 쓸개를 자극해 소장으로 쓸개즙을 방출하고 소장에서 쓸개즙이 지방의 소화를 돕습니다. 지방이 소화된 후 우리 몸은 담즙산을 배출시키지 않고 재활용합니다. 담즙산 장벽에서 혈류에 재흡수되어 여러 가지 성분으로 분해되어 재활용될 수 있습니다. 콜레스테롤은 이 모든 과정에서 이용되는데 재흡수 후에는 몸 속에 응축된 모든 콜레스테롤도 똑같이 남게 됩니다. 이러한 과정 때문에 쓸개를 통한 일반적인 지방 소화로는 우리 몸에서 콜레스테롤의 축적을 막지 못함이 설명됩니다.

음식을 섭취하기 전에 바이오스 라이프를 섭취하는 것을 생각해보라.

바이오스 라이프의 주요 성분은 천연의 섬유질입니다. 섬유질은 일반적인 식물성 성분입니다. 예를 들어, 이것은 사과의 껍질이나 나무의 껍질의 중요 부분입니다.

섬유질은 혈류로 흡수되지 않는 난소화성 탄수화물로 우리의 소화계에는 그것을 분해할 효소가 없기 때문에 소화되지 않습니다. 이는 탄수화물이 체내에서 진행되고 있는 것에 영향을 주지않고 소화계를 통해 이동한다는 것을 의미합니다.

섬유질의 역할

섬유질에는 두 종류가 있습니다. 수용성과 불용성 섬유질이 그것입니다. 사과를 다시 예로 들면, 사과껍질은 주로 불용성 섬유질을 포함합니다. 반면에 사과의 과육(果肉)은 펙틴이라는 수용성 섬유질을 포함합니다. 섬유질이 수용성이냐 불용성이냐에 따라 생물학적 효과가 달라집니다.

불용성 섬유질은 소화상의 장점이 있는 것으로 알려져 있습니다. 이것은 배설물의 대부분을 이루며 몸에 좋은 박테리아의 먹이가 되어 우리의 면역체계를 향상시킵니다. 이것은 또한 장 내부의 불순물을 제거하는 청결작용을 합니다.

수용성 섬유질은 반면에 위에서 젤과 같은 형태를 이루게 됩니다. 물 한 잔에 바이오스 라이프를 일정 시간동안 놓아두면 좀더 젤 형태를 이루는 것을 볼 수 있습니다.

바이오스 라이프의 첫번째 메커니즘 콜레스테롤를 막으며 제거한다

바이오스 라이프를 음식 섭취 전에 복용하면 음식물이 도착하기 전에 섬유질이 위장관에서 젤로 변화할 시간이 있습니다. 일단 음식물 속의 지방이 도착하면 일반적인 자극이 발생하여 장으로 쓸개즙이 나옵니다. 담즙산은 지방의 소화를 돕지만, 섬유질젤이 콜레스테롤과 함께 있는 담즙산이 순환을 제지합니다.

따라서 담즙산은 재흡수되지 못하고 배설물로 배출됩니다. 재활용 매커니즘이 와해되고 체내의 콜레스테롤이 전체적으로 감소합니다.

섬유질은 또한 박테리아에 대해 발효되어 아세테이트, 프로피오나트, 부틸레이트와 같은 산을 만들어 내어 간에서 콜레스테롤의 합성을 막습니다. 섬유질의 콜레스테롤 감소 효과는 심혈관질환 위험 감소와 관련해서 FDA가 수용성 섬유질을 상당량 포함한 제품이 건강에 좋다는 주장을 허용할 정도로 잘 알려져 있습니다.

바이오스 라이프에 들어있는 섬유질

바이오스 라이프는 다섯 종류의 수용성 섬유질을 포함하고 있습니다. 그것은 펙틴, 구아검, 아라비아검, 로커스트콩검, 귀리섬유질 등입니다. '검'은 수용성 섬유질의 과학적 용어입니다.

이런 섬유질은 콜레스테롤 저하 가능성 때문에 특별히 선택되었습니다. 또 다른 특징은 탄산칼슘이 이 복합 섬유질에 첨가되었다는 점입니다. 탄산칼슘은 영양을 위한 것이 아니라, 젤의 형성을 위한 것입니다. 위장의 산성 환경에 접한 탄산칼슘은 이산화탄소를 배출하고 이런 현상은 위액을 통해 섬유소를 분산시킵니다. 섬유질젤은 신속하고 효과적으로 생성됩니다. 성분의 제조과정과 배합비율은 회사가 독점하는 사업상 기밀입니다. 미국 심장 협회는 심장의 건강을 증진시키도록 사람들이 매일 25~30 그램의 섬유질을 섭취하기를 권장합니다. 안타깝게도 보통 사람은 12그램을 섭취하여 섬유질 섭취가 부족한 상황입니다. 바이오스 라이프는 이런 부족한 부분을 메워줄 수 있습니다.

이 섬유질은 여러 임상실험을 통해 전세계적으로 연구되었습니다. 유니시티는 저명한 클리블랜드 연구소에서 바이오스 라이프의 임상실험을 수행했으며, 이 연구 결과는 메타볼리즘이라는 국제 학술지에 발표되었습니다. 클리블랜드 연구소는 바이오스 라이프 섬유질 복합제가 좋지 않은 콜레스테롤인 LDL(저밀도 지단백)의 수치를 낮추며, 좋은 단백질인 HDL(고밀도 지단백)의 수치를 상당히 증가시킨다고 밝혔습니다. 그것은 또한 심혈관질환의 두가지 다른 요소인 ApoB와 호모시스테인 수치를 안정화시킵니다.

2. 두 번째 메커니즘 - 섭취한 콜레스테롤의 흡수 차단

바이오스 라이프의 두 번째 메커니즘은 식물 스테롤을 활용하여 음식물에 함유된 콜레스테롤의 체내 흡수를 막는 것입니다.

과학자들은 우리몸에 존재하는 콜레스테롤의 25%가 우리가 섭취하는 음식물에서 비롯된다고 예상합니다. 콜레스테롤은 여러 음식물, 특히 지방이 많은 음식물에 들어있습니다. 그러므로 콜레스테롤 수치를 낮추려면 음식물로부터의 콜레스테롤 섭취량을 줄이는 것이 바람직합니다.

콜레스테롤 운송 체계를 충족시켜라

우리가 음식물 섭취를 한 후에 음식물은 소장에 이르게 됩니다. 소장은 대부분의 음식물이 혈류로 흡수되는 장소입니다. 우리 몸에는 음식물에 함유된 다양하고 특정한 성분들에 맞는 각각의 특별한 운송 체계가 있습니다. 콜레스테롤은 운송체계를 통해 흡수되는 성분 중의 하나이며 새로운 세포를 형성하고 신경을 보호하고, 호르몬을 생성하는데 필수적으로 작용하게 됩니다.

채널 단백질 - 뇌가 아니라 모든 근육

이 콜레스테롤 운송 기능은 채널 단백질이라 불리는 단백질을 통해 수행됩니다. 채널 단백질이 장에서 콜레스테롤을 인식하면 콜레스테롤은 채널 단백질에 의해 장벽을 통해 이동하여 장벽에서 혈류로 흡수될 수 있습니다. 채널 단백질이 효과적이지만, 채널 단백질은 진짜 콜레스테롤이라고 생각되는 것을 운반하기 위해 시간을 낭비할 수도 있습니다. 그러는 동안 운반되어야 할 진짜 콜레스테롤이 장을 통과하여 몸밖으로 배출됩니다. 채널 단백질을 속이는 것이 바이오스 라이프의 두 번째 메커니즘에서 하는 일입니다.

바이오스 라이프의 두 번째 메커니즘 - 음식물로부터의 콜레스테롤 흡수를 막는 것

식물 스테롤을 통해 채널 단백질을 속이는 것이 두번째 메커니즘입니다. 식물에서 발견되는 화학물질인 식물 스테롤은 바이오스 라이프의 성분입니다. 엄밀히 말해서 식물 스테롤은 콜레스테롤과 유사합니다. 그것은 기능은 비슷하나 그 기원은 다르다는 의미를 갖습니다.

식물 스테롤이 작용하는 방법

지금껏 언급된 것처럼 콜레스테롤은 동물과 인간에게서 발견되지만 식물 스테롤은 식물에서만 생성됩니다. 콜레스테롤은 동물과 인간에게 중요한 분자이며 세포막의 중요한 구성물질이며 다양한 생체 분자의 전구체 역할을 합니다. 식물 스테롤은 식물에서와 이와 유사한 기능을 합니다.

콜레스테롤과 식물 스테롤은 매우 유사해서 화학구조에 있어서 다른 점은 한가지 뿐입니다. 작은 차이지만 그 결과는 크게 다릅니다. 우리가 식물 스테롤을 섭취하는 경우 우리 몸은 콜레스테롤을 흡수하는 것처럼 식물 스테롤을 섭취하지 않습니다.

사실상 식물 스테롤은 콜레스테롤과 비슷해서 콜레스테롤과 함께 장에 있는 경우 채널 단백질은 둘 사이의 차이를 분간하지 못합니다. 결과적으로 콜레스테롤 대신에 식물 스테롤의 일부를 채널 단백질이 선택합니다. 이런 작용을 통해 콜레스테롤이 혈류로 흡수되지 않고 몸 밖으로 배출됩니다.

이것이 음식물의 콜레스테롤보다 먼저 식물 스테롤을 소장에 위치시키기 위하여 바이오스 라이프를 매끼 식사 10분 전에 복용하기를 권하는 이유입니다.

바이오스 라이프에 식물 스테롤을 포함시킨 결과

식물 스테롤의 콜레스테롤 감소 가능성에 관련된 여러 연구가 있었습니다. 이와 같은 많은 연구는 식물 스테롤 함유 마가린 제조회사에서 실시하였습니다. 일반적으로 연구는 8주 이상 섭취할 경우 LDL(나쁜 콜레스테롤)이 5~20% 감소되었음을 보여줍니다.

3. 세번째 메커니즘- 간에서 콜레스테롤의 합성을 저해합니다.

바이오스 라이프의 세 번째 메커니즘은 사탕수수의 폴리코사놀을 이용하여 간에서 생성되는 콜레스테롤의 양을 자연스럽게 감소시키는 것입니다. 콜레스테롤은 몸에서 여러 기능을 하기 때문에 여러 가지 방법을 통해 콜레스테롤의 수치를 적당한 수준으로 맞출 수 있습니다. 모든 기능이 생화학적 작용과 관련이 있고 이런 작용은 원칙적으로 조정의 목적입니다. 콜레스테롤을 낮추는 가장 흔한 방법은 HMC-CoA 환원 효소 억제라는 방법입니다. 즉 다른 말로 하면 간에서 생성되는 콜레스테롤의 양을 줄이는 것입니다. 이것은 스타틴 계열 치료제에서 쓰이는 방법입니다.

콜레스테롤 합성

콜레스테롤은 연속되는 생화학적 작용를 이용하여 체내에서 합성됩니다. 콜레스테롤 분자를 만들려면 전부 20단계 이상이 이용됩니다. 글루코즈(당) 또는 팔미테이트(지방산)이 콜레스테롤을 생성하는데 이용되는 근원적인 분자로 이용될 수 있습니다. 각각의 분자는 효소에 의해 조정됩니다. 이것은 생화학적 단계를 용이하게 하는 커다란 단백질 분자들입니다. 콜레스테롤 합성 과정을 자동차 공장에 비교한다면 노동자와 로봇은 서로 다른 블록을 연결하는 효소에 해당합니다. 생산 라인이 선형적 과정이기 때문에 한 사람이라도 일을 하지 않으면 일이 더디게 진행되어 전체 공정의 속도가 감소합니다. 이것이 HMC-CoA 환원 효소 억제의 기본적인 생각입니다.

HMC-CoA 환원 효소를 억제하는 방법

HMC-CoA 환원 효소는 콜레스테롤 합성에 관련한 효소 중 하나입니다. HMC-CoA라는 약자는 3-수산기-3-메틸글루타릴 코발트효소 A환원 효소를 나타냅니다. 이 효소는 HMCCoA를 메발로네이트로 전환시킵니다. 이것이 생성 단계 중 하나입니다. 이 효소는 많은 성분에 의해 (천천히) 억제될 수 있습니다. 그런 성분 중 가장 잘 알려진 것이 스타틴 계열의 분자들입니다. 스타틴 계열의 분자들은 HMC-CoA에 들러붙어서 이 효소의 작용을 억제시킵니다. 이렇게 들러붙으면 효소의 구조적 변화가 일어납니다. 따라서 그 효소가 더 이상 생성단계에서 기능을 발휘하지 못합니다. 몸 전체에서 이 효소의 작용을 막으면 생성되는 콜레스테롤의 전체량이 감소합니다.

폴리코사놀은 HMC-CoA 환원효소를 자연스럽게 억제한다

이와 같은 효소 억제 방법이 바이오스 라이프의 세번째 메커니즘에 이용됩니다. 스타틴 계열의 분자들처럼 사탕수수 추출물인 폴리코사놀이라는 특정한 식물영양소가 이 효소를 억제하는 것으로 밝혀졌습니다. 과학자들은 콜레스테롤을 저하시키는 폴리코사놀 분자의 특성을 밝히려고 오랫동안 연구를 했습니다.

사실 이 분자는 두 개의 서로 다른 알코올 분자를 결합해 놓은 것입니다. 이 분자의 구조는 HMC-CoA 환원효소의 효율성을 방해할 수 있다는 점에 특징이 있습니다. 그것은 사실 천연 스타틴이며 스타틴 계열의 치료제처럼 매우 효과적입니다.

폴리코사놀의 효과 (사탕수수 100톤에서 2.5kg 추출)

연구자들은 하루에 5~40mg을 복용하는 스타틴 계열의 치료제에 필적할 만한 치료효과를 가진 이 분자를 가지고 연구를 했습니다. LDL은 보통 12주 후에 20~25% 감소합니다. 그러나 스타틴 계열의 치료제와는 달리 원치 않는 부작용 없이도 효과적입니다. 폴리코사놀이 스타틴 계열의 치료제와 같은 효과를 내면서도 부작용의 가능성이 없는 이유는 무엇인가? 부작용은 스타틴 계열의 치료제가 효소에 미치는 긍정적인 결과에 의해 생기는 것이 아니라, 스타틴 분자가 몸의 세포에 미치는 잔존효과 때문입니다. 따라서 이런 결과를 최소화하기 위해 임무를 마친 스타틴 분자를 간에서 제거해야 합니다. 폴리코사놀은 이런 부작용을 유발하지 않습니다.

폴리코사놀은 바이오스 라이프의 세 번째 메커니즘 속에서 작용한다

바이오스 라이프는 12mg의 순수 폴리코사놀을 함유합니다. 바이오스 라이프의 세 번째 메커니즘은 섭취 시점과 관계없이 효과를 발휘합니다. 바이오스 라이프는 첫 번째, 두 번째 메커니즘이 음식물 섭취 전에 가장 효과가 좋기 때문에 음식물 섭취전에 복용하는 것이 제일 좋습니다. 콜레스테롤 합성은 항상 이루어지기 때문에 폴리코사놀은 하루 내내 효과적입니다. 그러므로 바이오스 라이프를 식사 전에 복용하지 않는다면 식사 후나 하루 중 어느 때라도 복용할 수 있습니다(그러나 최고의 효과는 식사 전에 복용하는 것이다). 또 다른 장점은 폴리코사놀이 심장계에 미치는 추가 효과가 있다는 점입니다. 연구에 의하면 그것은 LDL-산화와 혈소판 응집의 수치를 낮춥니다. LDL은 자유 화합물에 의해 산화되어 동맥 경화증의 원인이 됩니다. 이런 과정을 늦추는 것은 LDL의 수치를 낮추는 것과 함께 또 다른 혜택입니다. 혈소판의 응집은 체내 혈액의 흐름을 늦추는 혈액 응고로 이어질 수 있습니다. 폴리코사놀은 혈액을 자연스럽게 안정적인 수치로 유지하는 데 도움이 되고 혈액 응고의 위험을 줄입니다.

4. 네 번째 메커니즘 - 효소에 의한 콜레스테롤의 분해능력강화

바이오스 라이프의 네 번째 메커니즘은 국화의 수분 추출물을 활용하여 체내의 콜레스테롤의 효소적 분해 및 제거를 돕는 것입니다.

콜레스테롤에 대한 나쁜 평가

콜레스테롤은 오랫동안 언론에서 혹평을 받아왔습니다. 그러나, 사실 당신은 콜레스테롤을 필요로 합니다. 콜레스테롤은 다음과 같이 우리 몸에 꼭 필요한 성분입니다.

1. 콜레스테롤은 체내의 많은 호르몬의 재료가 됩니다. 예를 들어 에스트로겐과 테스토스테론과 같은 성호르몬은 콜레스테롤로부터 시작됩니다.
2. 콜레스테롤의 또 다른 중요한 기능은 세포막을 형성하고 유지시키는 것입니다. 콜레스테롤은 세포벽을 구성하고 세포의 구조적인 통합을 유지하는 인지질 형태를 구성합니다.
3. 콜레스테롤의 세 번째 기능은 담즙산을 위한 기본적인 재료가된다는 것입니다. 몸은 콜레스테롤을 필요로 합니다. 문제는 콜레스테롤이 과다하게 존재할 경우 건강에 위험하다는 것입니다.

생존에 필요한 화학물질을 만드는 것

몸은 고기능 화학물질을 생성하는 시설과 같습니다. 몸은 생존에 필요한 화학물질을 만들고, 없애고, 제거하고, 저장합니다. 담즙산은 몸에서 지속적으로 생성하여 없어지는 이런 화학물질 중 하나입니다. 담즙산은 음식물 중 지방을 소화하는 생물학적 분자입니다. 이것은 콜레스테롤을 이용하여 간에서 생성됩니다. 담즙산 중에는 콜릭산이라는 것이 있습니다. 몸에서 콜릭산을 만드는 데 필요한 첫단계는 콜레스테롤을 7-알파-수산화 콜레스테롤로 바꾸는 일입니다. 이런 변형 과정은 7-알파-수산화 효소라는 효소가 주관합니다. 이제 이 7-알파-수산화 효소에 에너지 드링크를 첨가해 그 기능을 두 배로 만들 수 있는지를 생각해봅시다. 결과적으로 체내에 저장되어 있던 더 많은 콜레스테롤이 콜릭산으로 바뀌어 체내의 콜레스테롤이 줄어들게 됩니다. 그것이 국화 추출물로 인해 가능해진 바이오스 라이프의 네 번째 메커니즘입니다.

독점적인 발견

유니시티 연구 개발 팀은 국화의 추출물이 7-알파수산화효소를 에너지화 한다는 것을 발견했습니다. 국화 추출물은 새로운 약초 추출물이 아닙니다. 그것은 수세기 동안 차로 음용하며 건강에 좋은 꽃으로 알려져 왔습니다. 특히 아시아에서 국화차는 시력과 면역 체계를 위해 마십니다. 사실 이런 발견은 콜레스테롤 저하 메커니즘에 이용가능한 유일한 제품인 바이오스 라이프가 갖고 있는 특허 중 하나입니다.

SUMMARY | 요약

바이오스 라이프는 콜레스테롤 관리를 완성시키는 임상 실험을 거친 천연 제품입니다. 바이오스 라이프의 천연적인 4가지 메커니즘은 서로 혼합되어 콜레스테롤 관리에 필요한 가장 안전한 해결책을 제시합니다. 바이오스 라이프의 혜택은 수많은 임상 실험에서 입증되었습니다. 이런 연구의 일부는 15장에 자세히 나와 있습니다.

14장. 바이오스 라이프의 설명상의 요점

제14장
바이오스 라이프의 설명상의 요점

바이오스 라이프를 다른 사람들과 공유하려면 프랜차이즈 사업가들은 바이오스 라이프에 관한 몇 가지 중요한 사항을 이해할 필요가 있습니다. 이 장은 쉽게 배우고 쉽게 사용할 수 있는 설명상의 요점을 제시합니다. 프랜차이즈 사업가로서 당신은 고객층 확보를 시작하면서 이런 설명상의 요점을 알아야 합니다.

설명상의 주요 요점

1. 바이오스 라이프는 콜레스테롤 관리를 완성시키는 임상 실험을 거친 천연 제품입니다.
2. 바이오스 라이프는 안전하고 자연스럽게 콜레스테롤을 낮추는데 도움이 되므로 스타틴계열 치료제를 대체할 수 있습니다.
3. 바이오스 라이프는 스탠포드 대학, 힐워터 심장 센터, 클레블랜드 연구소 등에서 연구되었습니다. 이곳은 세계에서 가장 저명한 심장센터들에 속합니다.
4. 임상 연구에서 바이오스 라이프는 LDL(나쁜) 콜레스테롤을 31% 낮추고, 어떤 이들에게서는 52% 감소 효과가 있었습니다.
5. 임상 연구에서 바이오스 라이프는 HDL(좋은) 콜레스테롤을 29% 증가시키고 어떤 이들은 85%가 증가했습니다.
6. 바이오스 라이프는 또한 중성지방과 혈당 수치의 균형을 이루는 데 도움이

되어, 당에 대한 욕구를 억제시키고 당뇨의 위험을 감소시키며 에너지 순환을 안정화시킵니다.

7. 바이오스 라이프는 의사들의 처방참고약전(PDR) 목록에 들어있습니다. PDR은 미국의 모든 병원과 약국에 있는 표준적인 처방약 참고 자료입니다.

8. 바이오스 라이프는 사이언스지를 비롯하여 5대 의학지에 임상결과가 수록되어 있습니다.

9. 바이오스 라이프는 세계적인 의료진 수 천명으로부터 추천을 받았습니다.

10. 바이오스 라이프는 처방전 없이 이용이 가능합니다.

11. 바이오스 라이프는 전세계적으로 수 십만 명이 사용합니다.

12. 바이오스 라이프는 몸에서 영양분과 당의 지속적인 흡수를 가능케 합니다. 에너지의 안정적 유지를 돕고, 점차적인 체중 감소, 면역체계의 향상을 가져옵니다.

13. 미국인 1억 명이 극도로 높은 혈당 수치로 고생하고 있습니다. 바이오스 라이프가 도움이 될 수 있습니다.

14. 콜레스테롤이나 혈당 수치가 높아 처방약을 복용하고 있는 경우 바이오스 라이프는 더욱 효과를 증진시킬 수 있는 제품입니다.

15. 미국인 7천 5백만 명이 콜레스테롤로 고생합니다.

16. 북미인 5명 중 한 사람은 건강에 좋지 않은 콜레스테롤 수치를 갖고 있습니다.

17. 1백 50만명이 매년 심혈관질환으로 죽습니다. 이 수치는 피닉스나 필라델피아의 인구와 맞먹습니다.

18. 바이오스 라이프는 부작용 없이 섭취할 수 있습니다.

바이오스 라이프의 장점에 관하여 배울 수 있는 것이 더 많습니다. 바이오스 라이프에 관한 정보를 더 원하는 경우, 바이오스 라이프의 작용 메커니즘에 관하여 배우려면 13장, 임상 실험의 결과를 검토하려면 15장을 검토하십시오.

당신만의 메시지를 만들어라

바이오스 라이프에 관해 더 많이 알게 된 후에는 밑의 예를 검토하십시오. 그리고 당신만의 메시지를 만드십시오. 도움이 필요하면 상위 스폰서와 함께 만드십시오.

예는 다음과 같습니다.
* 나는 콜레스테롤 수치를 관리하는 임상 실험을 거친 최고의 천연 제품을 유통합니다. 이 제품에 관한 프랜차이즈를 사업할 사람들을 돕고 있습니다.
* 나는 건강한 콜레스테롤 수치를 위하여 스타틴 계열의 치료제를 대체하는 임상 실험을 거치고, 유일하게 안전한 천연 제품을 위한 프랜차이즈 대표입니다.
* 나는 시장에서 콜레스테롤을 낮추는 가장 효과적인 천연제품을 유통할 권리를 가진 사업을 하고 있습니다.
* 나는 건강한 콜레스테롤 수치를 위하여 스타틴 계열의 치료제를 대체하는 임상 실험을 거치고, 유일하게 안전한 천연 제품을 유통할 독점적 권리를 가진 프랜

차이즈를 보유하고 있습니다.

* 나는 콜레스테롤을 줄이는 임상 실험을 거쳐 특허를 받은 유일한 천연 제품을 유통할 권리를 갖고 있습니다.
* 나는 콜레스테롤 수치를 낮추는 사업에 몸담고 있습니다.

나의 설명방법

_____
_____
_____
_____
_____
_____

마지막 조언

이 장을 복사하여 사람들에게 설명할 때 가지고 다니십시오.

15장. 임상 연구

제15장
임상 연구

이 장은 바이오스 라이프에 관하여 실험을 마친 몇몇 연구뿐만 아니라 혁신적인 프래밍함 심혈관질환 연구의 주요 내용에 관해 설명합니다. 이 장은 이와 같은 수많은 연구가 진행되어 가고 있는 가운데 이런 연구를 훑어보기 위한 것입니다. 이 장은 다음과 같은 연구를 다루고 있습니다.

1. 프래밍함 심혈관질환 연구
2. 클리블랜드 임상 연구
3. 제1형 당뇨병 실험
4. 필리핀 실험
5. 유타주 실험
6. 환태평양 실험

바이오스 라이프에 특별히 관련되지는 않았지만, 프래밍함 심장 연구를 우선적으로 설명하는 것은 중요합니다. 이것은 심혈관질환에 관련된 연구로 1948년에 시작되어 가장 오랫동안 지속되었습니다. 이것은 심혈관질환과 이 연구의 결과에 대한 기본적인 이해를 돕습니다.

1. 프래밍함 심혈관질환 연구

심혈관질환의 위험과 콜레스테롤 수치와의 관계가 중점적으로 연구되었습니다. 이 연구에서 수집된 가장 정확한 자료는 유전병학에 관한 것입니다. 이런 종류의 연구에서 연구자들은 여러 사람들의 콜레스테롤 수치를 관찰하고 일정 시간 후에 심혈관질환이 얼마나 많은 사람에게서 일어나는지를 관찰했습니다.

이것이 1948년에 국립 심장, 폐, 혈액 연구소(NHLBI)의 감독하에 실시된 프래밍함 심혈관질환 연구입니다.

가장 유명한 유전병학 연구인 프래밍함 심혈관질환 연구는 58년 이상 메사추세츠주 프래밍함이라는 도시의 인구를 관찰했습니다. 이 지속적인 연구는 도시 인구의 몇몇 세대를 포함합니다. 연구자들은 여러 매개변수, 인구의 생활 습관, 건강에 대한 관심 등을 기록했습니다. 이런 식으로 연구자들은 일정한 식사, 생활양식, 혈액 등의 변수를 병의 원인과 연결시킬 수 있었습니다. 상상을 해 보면 많은 변수를 특정한 병에 연결시키는 데 필요한 계산에는 수학적, 통계적 능력을 요합니다. 결과는 복잡하기 마련이고 그런 자료에서 일반화된 설명을 하기는 어렵습니다. 그러나 이 연구는 LDL(저 밀도 지방단백질)의 높은 수치는 심혈관 질환을 일으키며 HDL(고 밀도 지방단백질) 수치는 그것을 억제한다는 결론을 내렸습니다.

그 연구를 기초로 내린 공식은 다음과 같습니다.

* LDL의 수치를 1% 낮출 때마다 향후 10년 동안 심혈관질환 위험이 2% 줄어듭니다.
* HDL의 수치를 1% 증가시킬 때마다 심혈관질환 위험이 3% 줄어듭니다.

그러므로 심혈관질환의 위험을 줄이는 가장 좋은 방법은 LDL을 낮추는 동시에 HDL을 높이는 것이라는 결론이 나옵니다.

프래밍함 연구에서는 콜레스테롤 수치가 150미만인 사람은 심혈관 질환에 걸리지 않았다는 결과를 주목할 필요가 있습니다.

2. 클리블랜드 임상 실험

2000~2002년에 바이오스 라이프는 데니스 스프레처 박사의 주관 하에 클리블랜드 연구 재단은 콜레스테롤 수치를 안정화할 수 있는 능력에 대한 연구를 실시했습니다. 이 연구소는 미국에서 심혈관질환 센터 중 가장 권위있는 곳으로 지난 12년 동안 연속해서 가장 권위있는 심혈관 센터로 인정을 받았습니다. 그 어떤 심혈관센터도 클리브랜드클리닉 센터보다 경험, 지식, 기술에서 앞서지 못합니다. 따라서 바이오스 라이프의 효과를 확인하는 가장 이상적인 기관입니다.

고콜레스테롤혈증(혈중 콜레스테롤 수치가 높은 증상)의 원인이 될 수 있는 최소한 130mg/dL로 빠르게 응축되는 LDL콜레스테롤이 있는 환자 119명을 대상으로 한 연구가 있었습니다.

연구 대상의 평균 연령은 50세였습니다. 그들은 콜레스테롤을 낮추기 위한 치료제를 사용하지 않았으며 연구 대상은 두 집단으로 나뉘었습니다.

* 효과가 없는 제품을 복용하는 위약 집단
* 섬유질과 비타민이 함유된 바이오스 라이프를 섭취하는 집단

임상실험이 시작되기 전에 두 집단은 8주 동안 저지방식을 섭취했습니다. 이것은 두 집단의 비슷한 식습관을 보장하기 위해 실시되었습니다. 식사 후 두 집단은 8주 동안 지정된 제품을 섭취했습니다. 연구가 끝날 무렵 실험 대상 99명이 실험 기록을 완전히 작성했습니다.

바이오스 라이프 집단은

* LDL값이 평균 159에서 145mg/dL로 낮아졌습니다. 즉 7.9% 하락
* HDL값은 8주 동안 48에서 51mg/dL로 상승
* 전체적인 콜레스테롤은 237에서 227mg/dL로 줄어들었고 중성지방은 146에서 119mg/dL로 낮아졌습니다.

위약 집단은

* 같은 기간 동안 LDL수치가 2.4% 증가했습니다.

지질(脂質)값과 함께 연구에서는 또한 호모시스테인과 아포리 포 단백질B에 대한 설명이 있었습니다. 고콜레스테롤처럼 호모 시스테인은 심혈관질환에 위험한 요소로 인식되고 있습니다. 메커니즘은 분명하지 않지만 고호모시스테인은 혈관계에 손상을 증가시키고 조기 동맥 경화증의 원인이 되는 것으로 밝혀졌습니다. 이 연구에서 호모시스테인 수치는 8주 동안 9.8에서 8.7로 감소했습니다. 아포리포단백질B는 LDL입자의 일부이며 때로는 심혈관질환 위험을 대표하는 원인으로 이용됩니다. 이 물질도 또한 139에서 110mg/dl로 낮아졌습니다.

결론적으로 클리블랜드 임상 연구는 바이오스 라이프의 섬유질이 심혈관질환의 위험을 낮추는 데 효과적이었다는 결론을 보여주었습니다. 바이오스 라이프의 추가 효과는 일반적인 식사를 하는 연구 대상을 이용하는 것보다 좀더 미약했을지도 모릅니다. 연구는 2002년 매우 저명한 학술지, 메타볼리즘에 실렸다(메타볼리즘, 2002년, 제 51권, 1166~1170쪽).

3. 제2형 당뇨병 실험

바이오스 라이프의 메커니즘은 콜레스테롤을 낮추기 위한 것이지만 탄수화물(당)의 위장 내 흡수를 막기 위한 것이기도 합니다. 그러므로 현재 제2형 당뇨병에 대한 2가지 실험이 진행 되었습니다. 제2

형 당뇨병 환자는 체내 생성 인슐린이나 주사로 투입되는 인슐인에 반응이 없거나 반응이 미미한 환자들입니다.

두 연구는 스티브 프리드와 데이비드 조프에 의해 실시되었습니다. 이 두 사람은 약리학자이자 세계적으로 유명한 학술지, 당뇨병 통제의 편집자들이기도 합니다. 1999~2000년에 실시된 첫 연구는 바이오스 라이프의 섬유질을 90일간 복용한 환자 15명을 대상으로 하였습니다. 실험 기록은 HbA1c, 포도당, 콜레스테롤 수치, 혈압, 체중을 실험 시작과 마지막에 측정하였습니다. 식전의 포도당 수치(음식물이 들어가지 않은 식사 전에)는 연구 기간 중에 17%가 줄었는데 이것은 그 기간 중 탄수화물의 전반적인 흡수가 줄었음을 말해줍니다. 실제 탄수화물 섭취 또한 줄었는데 식사 2시간 후에 혈당 수치가 36% 감소했음이 밝혀졌습니다. 전체 콜레스테롤 수치가 12%, 중성지방이 42% 감소했고, HDL이 6% 증가했습니다. 또한, 연구 대상들은 평균 6파운드의 체중 감소가 있었고 혈압이 평균 145/82mmHg에서 131/77mmHg로 낮아졌습니다.

포도당 흡수의 감소는 HbA1c가 9.2%에서 7.8%로 변화되는 원인이 되었습니다. 이 수치는 3달 동안의 전반적인 포도당 수치를 나타내며 당뇨로 인한 시력 상실, 신장병 등의 당뇨병 말기 합병증 위험을 잘 나타내는 지표입니다. 이 결과는 바이오스 라이프가 혈당의 균형을 잡아주는 효과가 있고 바이오스 라이프의 일상적인 섭취가 좋다는 것을 밝혀줍니다. 당뇨병 환자들은 콜레스테롤 수치를 낮추려는 목표가 있었기 때문에 바이오스 라이프의 콜레스테롤에 대한 효과는 삶에 가져오는 추가적인 혜택이 될 수 있습니다. 이 연구는 『당뇨병 통제, 제15(1)권, 12-18쪽(2000년)』에 개제되었습니다. 이 연구에 힘을 얻은 연구자들은 유사한 연구 방법을 사용하여 제2형 당뇨병 환자 78명을 대상으로 2차 연구를 실시했습니다. 이 연구 대상은 90일 동안 혈당 수치를 평균 278에서 237mg/dl로 낮추었고 HbA1c 값이 10% 낮아졌습니다. 재미있는 사실은 LDL이 28.7% 낮아진 반면 HDL이 27.9% 높아졌다는 점입니다. 이 연구는 중요한 학회 2곳에서 발표되었습니다. 동맥경화증, 혈전증, 혈관 생물학에 관한 제 6회 연례 학회가 2005년 4월 워싱턴 DC에서 열렸고 제65회 미국 당뇨병 연합 학회가 2005년 6월 캘리포니아 샌디에고에서 열렸습니다. 미국심혈관질환 협회는 이 연구를 학회에서 언론에 공개했습니다. 국제적인 언론사가 이 뉴스를 언론에 유포했습니다.

4. 필리핀의 실험

바이오스 라이프는 또한 국제적으로도 실험되었습니다. 첫 번째 국제 실험은 필리핀의 엔젤스 시의 엔젤스 재단 병원의 노베르토 유물 박사에 의해 필리핀에서 실시되었습니다. 이 연구에서 유물 박사는 지방기능 이상증(혈중 지방 수치 이상) 환자를 선택했습니다. 103명의 연구 대상이 4주간의 연구를 받았다. 이들 중 22%는 당뇨병도 있는 환자였습니다. 일부는 과거에 심근 경색증을 앓기도 했습니다. 유뮬 박사는 집단을 연령과 성별로 나누어 바이오스 라이프에 대한 반응을 분석했습니다. 전체적인 결과는 콜레스테롤 수치가 15.8% 감소했다는 점입니다. 연구에서는 국립 콜레스테롤 교육 프로그램에서 정한 위험 범주를 기초로 LDL 감소의 결과를 분석했습니다. 주요 결론은 모든 연령 집단의 실험 대상이 위험 LDL에서 주의 LDL로, 주의 LDL에서 건강 LDL로 변화했다는 점입니다. 재미있는 점은 바이오스 라이프의 효과가 젊은 층에 효과적(65세 미만)이었고 이것은 바이오스 라이프의 복용을 인생 초기에 시작해서 발병 위험 감소효과를 최대화시켜야 함을 말하고 있습니다. 이 결과는 필리핀 의과 대학의 34회 연례 학회에서 발표되었습니다.

5. 유타주의 실험

바이오스 라이프의 발전이 콜레스테롤 수치를 낮추는 4가지 메커니즘과 함께 완성되었기 때문에 유니시티 인터내셔널은 새로운 제품으로 수많은 실험을 실시했습니다. 이런 실험 중 첫번째가 2005년 유타주에서 실시되었습니다.

연구를 위한 실험 대상은 콜레스테롤 문제의 여부에 관계없이 무작위로 선별되었다(그들 중 많은 사람들이 보통 인구에 비례해서 콜레스테롤 문제가 있었지만). 실험 대상의 LDL콜레스테롤 값의 평균은 131mg/dl이었습니다. 25명의 대상이 8주간의 실험을 마쳤습니다. 그들은 매일 바이오스 라이프 2팩을 섭취했습니다. 8주 동안 평균 LDL콜레스테롤 감소는 4.8%였고 이것은 실험 대상이 비교적 젊고 건강한 상태임을 나타냅니다. 또한 이 집단의 반응자(긍정적인 결과를 입증한 사람들을 대표하는)의 경우 LDL콜레스테롤은 평균 24.7%감소했습니다. 대상의 72%가 반응자들이었고 이것은 28%가 실험 지침을 적절히 따르지 않았을 가능성이 있음을 드러냈다. 가장 중요한 점은 기본적으로 LDL수치가 높았던 사람들이 8주 후에 더 나은 결과를 가져왔다는 점입니다. 기본적으로 최소한 160mg/dl의 LDL수치를 가진 대상은 8주 후에 LDL 수치가 30.6%가 감소했습니다.

이런 통계는 치료제로서 바이오스 라이프가 고콜레스테롤의 사람들에게 영향력이 있음을 보여줍니다. HDL 콜레스테롤은 기본적으로 40mg/dl 미만의 수치를 가진 반응자들에게서 28.6% 증가했습니다. 이런 변화는 기본적으로 5이상의 비율을 가진 대상의 심혈관질환 위험률이 24% 감소되는 것으로 이어졌습니다. 이 실험의 결과는 주요 과학 학술지에 출판을 위한 상호검토를 고려 중이며 아직 출간이 된 상태는 아닙니다.

6. 환태평양의 실험

다음으로 바이오스 라이프의 효율성을 보여주는 연구는 빈센트 두

에나스가 실시한 연구입니다. 이 연구는 스타틴 계열의 치료제의 복용자와 비복용자를 포함합니다. 이런 실험 설계의 합리성은 스타틴 계열의 치료제의 콜레스테롤 저하 효과에 대한 보조물로서 바이오스 라이프의 효과를 관찰하는 것입니다.

스타틴 계열의 치료제 복용자에 대한 실험을 위해 스타틴 한계에 닿은 사람들, 즉 지난 두 번의 LDL측정에서 변화가 10% 이내였던 대상을 선정하였습니다. 이 집단은 스타틴으로 인해 LDL이 감소추세에 있는 사람들을 제외한 신중한 선택이었습니다. 그렇지 않으면 두 가지 제품(스타틴과 바이오스 라이프)을 동시에 복용해서 생기는 효과가 두 제품 중 어느 제품에서 비롯되었는지를 결정하기가 불가능하기 때문이었습니다. 이 실험에서 스타틴 복용자의 LDL 수치는 실험을 시작할 때 15mg/dl였으나 6주 후에는 21.1%가 감소했습니다. HDL은 23.3% 증가했습니다. 이런 결과는 스타틴 복용자도 바이오스 라이프를 복용하면 스타틴의 효과와 함께 심혈관질환의 위험이 감소한다는 의미가 있었기 때문에 인상적이었습니다. LDL이 더욱 낮아졌고 HDL이 유의미하게 높아졌습니다. 특히 이 마지막 효과는 스타틴이 HDL에 어떤 효과도 없는 것으로 알려졌기 때문에 스타틴 복용자에게 가치가 있습니다. 연구는 2006년 4월 덴버에서 열린 동맥경화증, 혈전증, 혈맥 생물학에 관한 제7회 연례 학회에서 발표되었습니다.

SUMMARY | 요약

이 장에서 기억할 중요한 점은 바이오스 라이프가 효과적이라는 사실이 입증되었다는 점입니다. 그것은 LDL 콜레스테롤을 낮추고, HDL 콜레스테롤을 높이며 체내 포도당 수치를 조절하는 데 도움이 된다는 것입니다. 그리고 이런 효과는 부정적인 부작용없이 자연스럽게 이루어집니다. 이 장의 연구에 관한 정보를 원한다면 www.unicityscience.com 로 가십시오.

16장. 프랜차이즈 사업 도구

제16장

프랜차이즈 사업도구

Bios Life Franchise Owner로서 사업보조 도구들을 당신은 사업에 매우 유용하게 활용할 수 있습니다. 이 사업 도구들은 당신의 Bios Life Franchise 사업을 효율적으로 성장시킬 수 있도록 도와줄 것입니다. 수많은 이 사업 도구들은 유니시티 인터내셔널에 의해 아래의 내용과 같이 지원됩니다.

Web sites

회사의 웹사이트와 제품의 웹사이트는 바이오스 라이프 브랜드와 연관 있는 최신의 기술에 대한 가치 있는 정보를 제공합니다. 웹사이트는 변화되는 최신의 영양학에 대하여 지속적으로 반영하고 있습니다. 덧붙여 이 웹사이트들의 제품에 관한 폭넓고 자세한 내용들에 대하여 정보를 제공하고 있습니다.

이러한 것들은 Bios Life Franchise Owner들이 제품의 이 점과 효율적인 시장개척을 위한 핵심 요소입니다.

1. www.unicity.com
2. www.bioslife.com(Product Information)
3. www.bioslifefranchise.com(Recruiting Franchise Owners)
4. www.unicityscience.com(Science, Medical Advisory Board)

판매촉진을 위한 보조용품

유니시티는 판매촉진을 위하여 다양한 판매 보조용품들을 준비하고 있습니다.

1. Bios Life Franchise 제품카다로그
2. Bios Life Franchise 회사소개서
3. Bios Life 포스터

오디오 및 시청각 자료

1. Bios Life DVD
2. Hope for the Heart(심혈관질환의 위험성) : Dr. Jerry Bresnahan
3. Doctors Speak Out (임상사례) : 의학자문위원회
4. Girl Talk(여성건강) : 의학자문위원회
5. Bios Life Franchise(건강과 프랜차이즈 사업)

17장. 목표

제17장

목 표

지난 세기(Centure)동안 수백차례의 연구결과에 따르면 자신의 목표를 명확하게 글로써 작성한 사람은 그렇지 못한 사람에 비하여 성공할 가능성이 높다는 사실이 밝혀졌습니다. 이 『목표 설정표』는 당신에게 있어서 가장 중요한 것이 무엇이며 당신의 목표가 무엇인지를 구체화하는 출발점이 될수 있도록 도와주는 목표 설정표입니다. 당신이 이 『목표 설정표』를 완성한 후 복사를 하여 당신의 상위스폰서와 한부씩 나눠 보관합니다. 당신의 상위 스폰서가 당신의 목표를 명확히 이해했을 때 그들은 좀더 효율적으로 당신이 목표를 성취할 수 있도록 도움을 줄 것입니다.

나의 바이오스 라이프 프랜차이즈가 성공해야 하는 5가지 이유

1) _____
이 유 : _____
2) _____
이 유 : _____
3) _____
이 유 : _____

4) _____
이 유 : _____
5) _____
이 유 : _____

바이오스 라이프 프랜차이즈 비즈니스를 통해 이루고 싶은 중요한 일들은 무엇입니까?

1) _____
이 유 : _____
2) _____
이 유 : _____
3) _____
이 유 : _____

나의 월간 수입이 300만원이 되었을 때 가장하고 싶은 것은?

_____
_____
_____
_____

나의 월간 수입이 1,000만원이 되었을 때 가장하고 싶은 것은?

_____

_____

_____

_____

나의 월간 수입이 5,000만원이 되었을 때 가장하고 싶은 것은?

_____

_____

_____

_____

나의 월간 수입이 1억원이 되었을 때 가장하고 싶은 것은?

_____

_____

_____

_____

앞으로 3개월 이내 하고싶은 일(목표)은?

_____

_____

_____

_____

앞으로 6개월 이내 하고싶은 일(목표)은?

_____

_____

_____

_____

앞으로 12개월 이내 하고싶은 일(목표)은?

_____

_____

_____

_____

앞으로 3년 혹은 5년 후 반드시 하고싶은 일(목표)은?

_____

_____

_____

_____

Bios Life Franchise 직급 목표 달성 기간은?

Manager Franchise : _____

Senior Manager Franchise : _____

Executive Manager Franchise : _____

Gold Director Franchise : _____

Senior Director Franchise : _____

Executive Director Franchise : _____

Presidential Director Franchise : _____

Presidential Sapphire Franchise : _____

Presidential Ruby Franchise : _____

Presidential Diamond Franchise : _____

나의 건강을 증진시키기 위한 가장 중요한 다섯 가지는?

1) _____

2) _____

3) _____

4) _____

5) _____

내가 성공을 이루기 위해 버리거나 발전 시켜야 할 다섯 가지는?

1) _____
2) _____
3) _____
4) _____
5) _____

나의 서약(약속)

바이오스 라이프 프랜차이즈는 사업(비즈니스)입니다. 당신의 목표를 성취하기 위해『나의 목표 설정 용지』에 목표를 적어 넣으시고, 당신이 성공하기 위한 요구 조건들을 만족시키기 위해 일에 전념하십시오. 당신이 목표를 성취하기 위해 더 많이 전념할수록, 그 목표에 더 수월하게 도달하실 수 있을 것입니다. 당신이 목표 설정 용지를 완성하시면, 여러분의 업라인 파트너들과 함께 이야기 하십시오.

자, 그럼 당신의 멋진 성공을 계획하고, 그 성공을 위한 중요한 이유들은 어떠한 것들이 있는지 생각해 보도록 하겠습니다.

당신의 인생을 뒤돌아 볼 때, 당신이 이룬 가장 멋진 세가지의 업적은 무엇입니까?

1) _____

2) _____

3) _____

이 세 가지 업적에 대해 생각해 볼 때, 당신의 성공을 위한 가장 중요한 이유는 어떤 것들이었습니까?

1) _____

2) _____

3) _____

당신이 성공할 수 있는 충분한 이유 중의 하나는 성공을 위한 당신의 전념이라 해도 의심의 여지가 없습니다. 성공을 향한 길은 도전과 실패가 함께 따라오는 것과도 같습니다. 당신이 목표성취를 위한 성공을 하기 위해서는 당신의 전념을 시험하기 위한 방해물이나 실망과 같은 것들이 있을 수 있습니다. 그러나 그것들을 잊고 목표 성취를 하기 위한 무조건적인 전념을 해야합니다.

나의 시간 약속(My Time Commitment)

당신의 목표를 성취하는 데 있어서는 당신 마음의 약속 뿐 아니라, 시간 약속 또한 중요합니다. 우리가 살아가고 있는 이 바쁜 세상 속에서, 우리는 일반적인 일상 생활로 인해 지치기 쉽습니다. 그러나 당신의 여가시간에 이러한 사업을 해나갈 수 있다면 정말 멋진 일이지 않습니까. 매일 이 사업을 위해 전념할 수 있는 시간을 만든다는 것은 중요한 일입니다. 하루에 단지 15분만이라도 투자한다면, 무엇인가를 매일 하기 위해 시도하면서 해나가는 중요한 것들이 당신의 목표 성취를 더 빨리 할 수 있도록 도와줄 것입니다.

매일 당신의 비즈니스를 위해 투자할 수 있는 시간을 적어 넣으십시오.

월요일 _____ 시부터 _____ 까지 = 총 _____ 분/시간

화요일 _____ 시부터 _____ 까지 = 총 _____ 분/시간

수요일 _____ 시부터 _____ 까지 = 총 _____ 분/시간

목요일 _____ 시부터 _____ 까지 = 총 _____ 분/시간

금요일 _____ 시부터 _____ 까지 = 총 _____ 분/시간

토요일 _____ 시부터 _____ 까지 = 총 _____ 분/시간

일요일 _____ 시부터 _____ 까지 = 총 _____ 분/시간

저는 일주일에 총 _____ 시간을 투자 할 것입니다.

당신이 지금까지 바이오스 라이프 프랜차이즈에 대해 배운 것들은 것을 근간으로, 당신이 앞에서 투자했던 시간만큼 목표 성취를 할 수 있다고 생각하십니까? 도전이나 실망이 없이 성공을 위한 길이 없다는 것을 아셨다면, 『나의 목표 설정 용지』에 당신이 기록한 목표 성취에 대한 내용을 적으십시오. 그리고 매일 당신이 잘 볼 수 있는 곳에 이 약속이 적힌 것을 붙여 놓으십시오. 당신이 그만 두고 싶을 때, 당신과의 약속을 읽어보시고, 또 그것을 적었을 때의 마음가짐을 기억하십시오.

나 자신과의 약속
30일 행동 계획서

현재 비즈니스 세계에서 성공하기 위해서는 당신은 우선 확실히 목표를 설정해야 합니다. 둘째, 당신은 당신의 목표에 도달하기 위해 요구되는 우선순위들을 무조건적으로 이행해야 할 필요가 있습니다. 셋째, 당신은 목표 성취를 위해 필요로 하는 행동 단계의 핵심이 되는 것들을 계획해야만 합니다. 마지막으로 당신은 매일 계획을 이행하기 위한 책임이 자신에게 있음을 훈련해야 합니다.

바이오스 라이프 마케팅

바이오스 라이프 프랜차이즈 비즈니스 성공을 위한 가장 중요한 기초가 되는 것들 중 하나는 제품을 알리는 것입니다. 당신이 바이오스 라이프 제품을 판매할 때마다, 당신은 목표를 성취하는 것 뿐 아니라 또한 사람들의 건강과 삶의 질을 증진시키고, 그들의 수명을 연장할 수 있도록 돕는 것입니다. 바이오스 라이프 모델은 20명의 소비자를 형성하거나 혹은 그 이상의 바이오스 라이프 소비자들을 형성했을때 최대의 보상을 받도록 만들어 졌습니다.

1. 제품 판매 목표

소비자 등록

나의 첫 30일 내에 몇 명의 바이오스 라이프 소비자들을 만들 계획입니까?

_____
_____
_____
_____

내가 몇 명을 자동배송 프로그램의 소비자로 등록할 계획입니까?

_____
_____
_____
_____

2. 활동 계획(당신이 사용할 수 있는 활동들을 선택하십시오)

사람들에게 바이오스 라이프 소개

매일 몇 명의 사람들에게 바이오스 라이프를 소개하실 계획입니까?

_____

_____

_____

나의 첫 30일 내에 바이오스 라이프를 몇 명에게 소개할 계획을 갖고 계십니까?

_____

_____

_____

18장. 가망고객 발굴 방법

제18장
가망고객 발굴 방법

가망고객 발굴 방법

* 아는 사람들에게 편지(그 사람의 건강상의 상황에 맞는 기사 및 편지)를 지속적으로 보낸다.
* 아는 사람들에게 이 메일을 보낸다.
* 아는 사람들에게 전화를 건다.
* 주의의 사람들에게 건강상의 도움이 필요한 분을 추천해 줄 것을 부탁한다.
* 매일 만나는 새로운 사람들에게 바이오스 라이프에 대해 이야기한다.

가망 있는 소비자들에게 바이오스 라이프를 소개하기 위해 사용할 방법들

* 개별 사업설명(1:1 미팅을 통한)
* 바이오스 라이프 브로셔(소개서) 전달
* 5분 설명 준비 및 활용
* CD나 미디어, 영상 자료로 설명
* 홈 미팅 사업설명회
* 바이오스 라이프 웹사이트 소개에 사용할 비즈니스 툴 선택
* 바이오스 라이프 비즈니스 카드
* 바이오스 라이프 브로셔(소개서)
* 바이오스 라이프 소개 CD

기업가로써 성공하기 위한 가장 중요한 핵심 중의 하나는 비록 그것을 해야 할 때가 아닌 것 같을지라도, 당신이 매일 알아야만 할 어떤 것을 위해 훈련해야 하는 것이다.

바이오스 라이프 마케팅(판매) 기회

바이오스 라이프의 가장 독특한 장점 중의 하나는 기존의 프랜차이즈들과 비교했을 때인데, 그것은 다른 프랜차이즈 오너들을 리크루팅하며 그들이 성공적인 프랜차이즈를 만들어 나가는 것을 도움으로써 당신이 보상을 받게 되는 것입니다. 바이오스 라이프 비즈니스의 모델은 20명의 소비자와 5명의 성공한 비즈니스 파트너들을(프랜차이즈 오너) 직접 추천한 사람들에게 가장 최대의 보상을 제공 받도록 만들어져 있습니다.

1. 비즈니스 리크루팅 목표

바이오스 프랜차이즈 오너 리크루팅

나의 첫 30일 내에 몇 명의 바이오스 프랜타이즈 오너들을 리크루팅 할 계획이 있는가? ＿＿＿＿＿명

요구되는 활동

잠재적 바이오스 프랜차이즈 오너들을 구분하기 위한 방법 선택하기

* 내가 아는 사람들에게 전화하기
* 내가 개인적으로 아는 사람들에게 사업설명하기
* 현재 있는 소비자들에게 사업의 기회에 대하여 소개하기
* 이 사업을 잘 할 수 있는 사람 추천을 요청하기

결론

스폰서의 도움을 받아, 『30일 행동 계획서』를 완성하십시오. 이 계획이 완성이 되면, 당신이 시작하기 위해 준비해야 할 비즈니스 보조용품을 주문하십시오. 그 비즈니스 보조용품들이 도착하면, 당신이 그 계획을 매일 실행하기 위해 훈련하는 것이 중요합니다. 당신이 계획대로 일할 때, 당신의 결과를 돌아보시고, 매달 그것들을 성장시키기 위해 노력하십시오. 매일 당신의 스폰서와 상의 하셔서 스폰서가 당신을 도울 수 있도록, 그리고 그 도움으로 당신이 원하는 결과를 만들어 갈 수 있도록 하십시오. 트레이닝에 대한 내용은 이 책자 안에 있습니다. 성공적인 바이오스 라이프 프랜차이즈를 만들어 갈 수 있는 이 내용들을 포함하여 각각의 단계에 대해 안내해 드릴 것입니다.

Who do I know? (예상 고객명단)

* 명단작성 방법
(1) 명단작성을 스폰서와 함께 하라.
(2) 충분한 시간을 가지고 당신 혹은 배우자가 알고 있는 국내외 모든 사람을 적어라. 이 명단이야말로 사업기초의 핵심이며 President's club들은 모두 이 핵을 가지고 시작했음을 기억하라.
(3) 직업을 기준으로 분류하거나 인간관계의 성격을 가지고 명단을 만들면 쉽다. (전화번호부 활용)
(4) 100명 이상의 명단을 만들어 놓아야 한다
(5) 생각나는 모든 사람을 명단에 넣고 절대 미리 판단하여 명단에서 빼는 일을 하지 말라.
(6) 명단을 항상 가지고 다녀 생각이 날 때마다 바로 적어 놓도록 하라.
(7) 새로운 사람을 만날 때마다 명단에 올려놓아라.

* 1차 명단 5가지분류
(1) 친구/친척 (본가/처가/외가)
(2) 이웃 (과거/현재)
(3) 학교동창 (초, 중, 고, 대학 동창회명부)
(4) 직장동료, 업무상 지인 (과거/현재)
(5) 알고 지내는 사람 (교회/취미활동)

* 2차 명단

(1) 새로운 사람을 친구로 사귀어 명단에 올려놓아라.

　　(이것이 가장 큰 명단이다)

(2) 타인의 말을 잘 경청하고 흥미 있는 질문을 함으로써 사업소개를 할 기회를 만들 수 있다.

(3) 매일 프로스펙트로 의식하는 습관을 길러라.

(4) 사람을 이미 당신의 파트너로 사업에 참여한 사람 또는 하고 싶어하는 사람으로 보라.

(5) 항상 같은 장소(식당, 세탁소, 상점 등)을 이용하여 특정한 사람과 친밀감을 갖도록 하고,

(6) 지속적인 친분을 통해 편안함과 신뢰감을 갖도록 하는 것이 중요하다.

(7) Who-기준 / 지인 분류 / 직업 분류로 명단을 채워라.

* 명단적성을 하여 약속을 정하고 플랜을 보여주기 전까지는 당신은 회원에 불과하며 아직은 사업가가 아니다.
* 100명 이상의 명단을 만드는 데 도움을 주는 질문. 누가 꿈과 야망이 있는가?
* 누가 돈을 더 벌기 원하는가? (더 벌어야 할 필요를 느끼고 있는가?)
* 누가 가족과 시간을 더 보내기 원하는가?
* 누가 더 나은 직장을 찾아야만 하는가?
* 누가 능력보다 못한 일을 하고 있다고 하는가?

19장: 미팅 시 확인 점검 사항

제19장
미팅 시 확인점검 사항

* 누가 현재 업무상태에 만족하지 못하고 있는가?
* 누가 자신의 성취에 더 많은 인정을 필요로 하는가?
* 누가 책임감이 강한가?
* 누가 관리직에 있는가?
* 누가 낮은 봉급인상에 불만을 가지고 있는가?
* 누가 저축을 더 하기 원하는가?
* 누가 더 경제적 안정을 필요로 하는가?
* 누가 현직장을 잃게 되면 매우 급격히 생활이 어렵게 되는가?
* 누가 정년퇴직/노후문제로 고민하고 있는가?
* 누가 가족자영업에 꼭 묶여 있는가?
* 누가 사업기회를 찾고 있는가?
* 누가 최근의 승진에서 누락되었는가?
* 누가 직장 상사 때문에 고생하고 있는가?
* 누가 출장을 잦은 사람인가?
* 누가 자기 사업을 하기 원하는가?
* 누가 옳은 직업을 아직 찾고 있는가?

명단중 초청 우선 순위의 8가지 기준

(1) 그는 꿈/비전/인생의 그림/야망/원하는 라이프스타일이 있는가?

(2) 그는 머리명석/두뇌회전/현실감각이 있는가?

(3) 그는 돈/이자관리/부자/재테크에 밝은가?

(4) 그는 대인관계원활/친화력/호감이 있는가?

(5) 그는 앞선 경력/앞선 승진/인정받는 능력이 있는가?

(6) 그는 성실/열심/묵묵히/한 우물/직업의식이 있는가?

(7) 그는 당신과 서로 존중/이해/신뢰가 있는가?

(8) 그는 당신과 근거리에 있는가?

구체적 명단은 Green Book에 작성.

1. 미팅의 목적이 무엇입니까?

* 동기부여
* 신규 Bios Life Franchise Owner들을 위한 사업설명
* 친교 및 그룹간 유대강화

2. 장소 선정

* 모든 Bios Life Franchise Owner들이 쉽게 접근할 수 있는 중심지역
* 향후 6개월간 지속적인 세미나가 가능하며 야간에도 사용할 수 있는 시설
  6개월간 장기간 계약시 가격절충은 늘 가능하다.

3. 시설계획

* 예약최종 확인: 행사 2일전 최종적으로 호텔 및 세미나 장소에 대하여 확인하라.
* 참가자 및 Room의 형태 및 규모를 반드시 확인하라
* 늘 참가인원의 10%에 해당하는 여유분의 좌석을 준비하라
* 프리젠테이션에 필요한 빔프로젝트 및 탁자등을 반드시 확인하라
* 바이오스 라이프를 전시할 수 있는 공간 및 테이블을 준비하라
* 식수대는 행사장 밖에 따로 준비하라

4. 준 비

* 1시간 이전에 세미나에 필요한 모든 것을 준비하고 마이크 시스템에 대한 테스트를 실시하라
* 테이블 정돈을 하라
* 품위있게 바이오스 라이프를 전시하라
* 세미나 룸에 대한 정돈을 하라
* 배너 및 포스터등의 부착상태를 점검하라
* 밝고 경쾌한 음악을 틀어 방문자들이 유쾌할 수 있도록 분위기를 연출하라

5. 등록

* 2명의 Franchise Owners 들이 접수대에 위치하여 참가자들을 맞이하라
  (밝게 웃어야 하며, 정중해야 하고, 친절해야 한다. – 첫인상이 매우 중요하다)
* Franchise Owners 및 초대받은 잠재고객을 위하여 방명록을 준비하라

* 전화번호, 이름, 이메일 주소등을 받아라
* 네임택/펜을 준비하라

6. 종료
* 세미나 사용료 정산
* 사용비품에 대한 이상유무 확인 후 반납
* 미팅을 준비하는데 도움을 준 관계자에게 감사카드를 보내라.

20장. 대인관계기술

제20장

대인관계기술

인간의 통찰력 1

배우고 구매하는데 영향을 주는 감각

시각을 통해	83%
청각을 통해	11%
후각을 통해	3.5%
촉각을 통해	1.5%
미각을 통해	1%

인간의 통찰력 2

정보를 보유하는 방법

읽는 내용을 통해	10%
듣는 내용을 통해	20%
보는 내용을 통해	30%
보는 듣는 내용을 통해	50%
우리들이 말하는 것을 통해	70%
행동을 말로 표현한 것을 통해	90%

인간의 통찰력 3

교육의 방법	3시간 후 기억유지	3일 후 기억유지
A) 말로만 알려주는 방법	70%	10%
B) 눈으로 확인시켜 주는 방법	72%	65%
C) 말로 알려주고 눈으로 확인시켜 주는 방법을 동시 이용할 경우	85%	65%

1. 사람과 인간의 본성에 대한 이해

사람을 다루는 기술(성공적인 인간관계)을 증진시키는 첫 번째 단계는 인간과 그 본성을 올 바로 이해하는 데 있다.

인간의 본성과 인간에 대해 올바로 이해하는 것, 즉 상대방이 왜, 어떻게 행동하고 상대방이 특정 상황에서 왜, 언제, 어떻게 행동할 것인지를 아는 것은 상대방을 관리하는 기술을 갖추는데 필수불가결한 조건이다.

인간과 인간의 본성에 대한 이해는 당신이 이들에 대해 어떻다고 생각하고 있거나 이들의 성격에 대해 당신이 바라는 바가 아니라 이들이 본래 어떻다는 것을 인식하는 문제이다.

사람들은 상대방에게 일차적으로 관심을 두는 것이 아니라, 자기 자신에게 제일 먼저 관심을 둔다!
이 말을 다르게 표현하면 - 상대방은 당신에게 관심을 두고 있는 것보다 자기 자신에 훨씬 더 많은 관심을 갖고 있는 것이다.

물론 반대의 경우도 성립한다. 당신 역시 세상의 어느 다른 사람보다 자신에게 관심을 많이 갖고 있을 것이다.

인간의 행동은 자기중심주의에 의해 워낙 강력하게 지배되기 때문에, 예를 들어 인간이 자선을 베푸는 경우에도 중요한 것은 자선으로 인한 혜택이 아니라 주는 것으로 인한(주는 측의)기쁨이나 만족일 정도이다.

인간의 본성이 자기중심적이라는 사실에 대해 의문이나 불만을 제기할 이유는 없다. 인간은 태초부터 그랬으며, 인간이 살아오는 동안에도 이와 같았으므로 세상이 끝날 때까지도 인간의 이러한 자기중심성은 지속될 것이다.

이러한 점에서 보면 인간은 모두 동일하다. 인간이 일차적으로 자신의 문제에 관심을 둔다는 사실은 인간을 다루는 수단의 중요한 기초가 된다.

이는 또한 상대방과의 관계를 유지시켜 주는 힘과 기술을 제공한다. 다음 장에서 이러한 사실을 기반으로 도출되는 수많은 성공적인 기술에 대해 살펴볼 것이다.

따라서 사람들은 상대방이 아닌 자기 자신에게 일차적으로 관심을 두고 있다는 사실을 깨닫는 것이 삶의 비결이라 할 수 있다.

2. 대화의 기술

상대방과 대화를 나눌 때는 상대방이 가장 관심을 많이 두는 화제를 골라 대화해야 한다. 그렇다면 상대방이 가장 흥미롭게 생각하는 주제는 무엇인가? 바로 자기 자신이다. 상대방이 관심을 갖고 있는 내용을 주제로 대화한다면 상대방은 깊은 관심을 갖고 흥미를 느낄 것이다. 이들은 당신에게 후한 점수를 줄 것이다.

상대방에게 그들과 관계된 말을 하게 되면, 여러분은 그들의 환심을 사게 될 것이며, 사람들을 잘 다룰 수 있게 된다. 하지만 여러분이 상대방에게 여러분 자신에 대해서만 이야기한다면, 상대방은 여러분에게 만족을 못하게 되고, 여러분은 사람들을 잘 다룰 수 없게 된다.

여러분이 사용하는 단어 중에서 『나』와 관련된 단어들을 버리고, 인간이 말할 수 있는 가장 강력한 단어, 즉 한 마디로 『당신』이란 말로 바꾸십시오.

예를 들면 『이것은 당신을 위한 것입니다』, 『이렇게 하시면 당신에게 도움이 됩니다』, 『이것은 당신의 가족에게 좋은 것입니다』, 『당신에게 일거양득이 됩니다』등.

핵심 – 당신이 자신에 대해 말하여 얻을 수 있는 만족감을 접어두고, 『나』를 중심으로 하여 말하는 언어습관에서 벗어난다면, 당신의 인기, 영향력, 능력은 크게 향상될 것이다. 이렇게 하기란 참으로 어렵고 부단히 노력해야 하지만, 그에 따르는 보상 효과는 노력에 투입한 시간보다 훨씬 크다.

대화를 할 때 상대방의 관심거리를 이용하는 다른 좋은 방법은 상대방에게 자신에 대해 말하도록 유도하는 것이다. 상대방은 다른 주제보다 자신에 대해 말하기를 좋아한다는 사실을 알게 될 것이다. 상대방이 자신에 대해 말하도록 하면 이들의 호감을 얻을 수 있을 것이다. 다음의 예와 같이 상대방에게 질문하면 효과가 크다.

* 가족은 잘 지내시는지요?
* 군에 간 아드님은 잘 지내십니까?
* 출가한 따님은 지금 어디서 살고 있습니까?
* 회사에서 근무하신지는 얼마나 되셨습니까?
* 여기가 고향입니까?
* 이 문제에 대해서 어떻게 생각하십니까?
* 이것은 가족사진입니까?
* 여행은 즐거웠습니까?
* 가족과 동반했습니까?

우리는 대개 자신에 대해 생각하고 말하는 데에 주력하기 때문에 상대방과 관계를 유지할 때 효과적이지 못하다. 기억해야 할 것은 상대방의 관심사에 대해 당신이 어떻게 생각하는가가 아니라 상대방이 이에 대해 어떻게 생각하는가 하는 것이다. 따라서 상대방과 대화할 때에는 상대방에 관해 말하도록 해야 하며, 상대방은 자신에 관해 말하도록 해야 한다. 이것이 바로 대화할 때 상대방의 관심을 가장 많이 끌 수 있는 방법이다.

3. 상대방 자신이 중요한 존재라는 사실을 느끼도록 하는 기술

모든 인간이 지니고 있는 가장 일반적인 속성은 스스로 중요한 존재가 되고 인정받고자 하는 욕망이며, 이 속성이 너무 강해 인간 선악의 모든 행동을 지배한다. 따라서 대인관계의 기술을 습득하기 위해서는 상대방 자신이 중요하다고 생각하도록 해야 한다.

따라서 상대방이 자신을 중요한 존재라는 것을 느끼게 할수록 상대방은 당신에게 더 많은 호의를 갖게 될 것이다.

모든 사람은 중요한 존재로 인정받고자 하는데, 이것은 동양관습 중 하나인『체면 차리기』의 기초가 된다. 어느 누구도 하찮은 존재로 대우받기를 원하지 않으며, 무시당하거나 무례한 말을 듣게 되면 이에 상응한 행동을 하게 된다.

자신이 중요한 사람인만큼 상대방도 중요한 존재라는 사실을 항상 명심해야 한다. 이러한 생각을 갖고 이를 이용하는 것이 성공적인 인간관계를 이루는 밑거름이 된다.

다음은 상대방을 인정하고, 상대방이 중요한 존재라는 사실을 믿게 하는 몇 가지 요령이다.

1) 상대방의 말을 들어준다.

상대방의 말을 들어주지 않는 것이야말로 상대방이 자신을 중요하지 않은 존재로 느끼게 되어 자신이 하찮은 존재라고 느끼게 하는 가장 확실한 방법이다. 따라서, 상대방의 의견을 경청하는 것이야말로 상대방이 스스로 중요한 존재로 인식하게 하는 가장 좋은 방법 중 하나이다.

2) 상대방을 칭찬하고 높여준다.

칭찬받을 만한 상대방이라면.

3) 상대방의 이름이나 사진을 적극적으로 이용한다.

상대방의 이름을 부르고 사진을 이용하면 상대방은 당신에게 호감을 갖게 된다.

4) 상대방의 말에 답하기 전에 잠시 생각한다.

상대방의 말에 잠시 생각하고 답하게 되면 상대방은 자신의 한 말을 신중하게 생각하고 있으며, 자신이 한 말이 신중하게 생각할 만한 가치가 있다는 인상을 주게 된다.

5) 『나』대신 『당신』에 해당하는 말을 사용한다.

6) 당신을 만나기 위해 기다리는 사람에게 알려준다.

누군가 당신을 만나기 위해 기다리고 있다면 이들이 기다리고 있음을 당신이 알고 있다는 사실을 알게 한다. 이것은 상대방을 존중하는 하나의 방법이다.

7) 그룹의 모든 상대방에게 관심을 기울인다.

단지 리더나 연사에게만 관심을 두지 않는다. 그룹 안에는 여러 사람들이 있다.

4. 상대방에 동의하는 기술

인간관계에 능숙해지기 위한 한 가지 중요한 기술은 동의할 수 있는 기술을 통달하는 것이다.

실제로 이 기술은 우리 시대의 가장 가치 있는 지혜 중 하나이다. 아마 동의할 수 있는 기술만큼 인생에서 손쉽게 실행할 수 있는 기술도 없을 것이다.

살아가면서 어떤 바보라도 상대방과 동의하지 않을 수 있지만, 특히 상대방이 틀린 경우 동의할 수 있기 위해서는 현명하고 위대한 사람이 되어야 한다는 것을 명심해야 한다.

동의하는데 필요한 기술에는 여섯 가지 요소가 있다.

1) 다른 상대방과 동의할 수 있는 태도를 기른다.

동의할 수 있는 태도를 갖출 필요가 있다. 동의할 수 있는 인성을 개발하면 자연스럽게 동의할 수 있게 된다.

2) 상대방의 의견에 동의할 때는 동의한다는 것을 알리도록 한다.

단순히 상대방의 의견에 동의하는 것으로는 충분치 않다. 상대방이 동의함을 알 수 있도록 표현할 필요가 있다. 동의할 때는 머리를 끄덕이며 얼굴을 바라보고 '동의합니다'. '당신 말이 맞습니다'와 같은 말로서 표현하도록 한다.

3) 반드시 필요한 경우 외에는 동의하지 않음을 표현하지 않도록 한다.

상대방의 의견에 동의하지 않을 경우, 그리고 이런 경우가 많다면 반드시 필요하지 않은 이상 동의하지 않는다는 사실을 알리지 않도록 한다. 동의하지 않음을 표현해야 하는 경우가 얼마나 적은지를 알아보면 놀랄 것이다.

4) 자신이 틀린 경우에는 인정한다.

자신이 옳지 않은 경우에는 남들이 쉽게 들을 수 있도록 "내가 실수했다", "내가 틀렸다"는 식으로 표현하도록 한다. 스스로 옳지 못함을 시인하기는 어려운 일이며 이렇게 할 수 있는 사람을 상대방은 존경한다. 보통 사람이라면 거짓말을 하거나, 부정하거나 둘러댈 것이다.

5) 논쟁을 피한다.

인간관계에 있어 가장 좋지 못한 것은 논쟁이다. 자신이 옳은 경우에도 논쟁은 하지 않도록 한다. 논쟁으로 자기편을 늘리거나 이기는 경우는 없다.

6) 호전적인 사람은 적절하게 다루어야 한다.

호전적인 사람이 원하는 것은 싸움이다. 이들을 대하는 가장 좋은 방법은 이들의 싸움을 거절하는 것이다. 달리 말하면 그들은 헛수고를 하게 되는 것이다.

동의하는 기술의 배경

A) 사람은 자신에게 동의하는 사람을 좋아한다.

B) 사람은 자신에게 동의하지 않는 사람을 싫어한다.

C) 사람은 자신의 말이 동의 받지 못하는 것을 싫어한다.

5. 사람과 인간의 본성에 대한 이해

상대방의 말을 많이 들을수록 당신은 더 현명하게 보일 것이며, 상대방이 호감을 더 많이 가질 수 있기 때문에 당신의 대화기술은 더 향상되는 것이다. 잘 듣는 사람은 항상 사람들 속에서 말을 잘하는 사람보다 앞서게 된다. 이는 잘 경청하는 사람은 항상 다른 상대방이 스스로 가장 선호하는 연사 즉, 상대방의 의견을 청취하기 때문이다. 잘 경청하는 사람이 되는 것만큼 삶을 살아가는데 있어 도움이 되는 것은 그다지 많지 않다.

그러나 잘 경청하는 사람이 되는 것은 우연히 이루어지지 않는다. 다음은 잘 듣는 사람이 되기 위한 다섯 가지 규칙이다.

1) 말하는 사람을 마주본다.
말을 들어줄 가치가 있는 사람은 말하고 있을 때 마주볼 가치가 있는 사람이다.

2) 말하는 사람에게 경청하는 태도를 보인다.
한 마디라도 놓치지 않겠다는 인상을 주도록 한다.

3) 질문을 한다.

질문을 한다는 것은 말하는 사람에게 경청하고 있음을 보이는 것이다. 이는 아첨의 차원 높은 형태라고 할 수 있다.

4) 말하는 사람의 주제를 살리고 말을 중단시키지 않는다.

새로운 주제로 바꾸고 싶어도 말하고 있는 사람이 말을 다 할때까지 대화의 주제를 중단시키지 않도록 한다.

5) 말하는 사람을 지칭하는 『당신』을 사용한다.

『나』를 사용하면 초점을 말하는 사람에게서 자신에게 돌리게된다. 이것은 듣는 것이 아니라 말하는 것이다.

이 다섯 가지 규칙이 단순한 예의에 해당한다는 것을 알게 될 것이다. 듣는 경우에 예의를 지키는 것만큼 많은 보상을 가져오는 경우도 없을 것이다.

6. 상대방에게 영향력을 행사하는 기술

　상대방을 자신의 의지에 따라 움직이도록 하는 첫 번째 중요한 단계는 상대방을 움직이게 하는 것(상대방이 원하는 것)이 무엇인지 알아내는 것이다. 상대방을 움직이는 것이 무엇인지 알게 되면 이들을 움직이는 방법 또한 알 수 있을 것이다. 사람은 모두 각양각색이며 각자가 선호하는 것도 다르며, 사물에 각자의 가치를 부여하게 된다. 상대방이 자신의 선호를 따르게 하는 실수를 하지 않도록 한다. 상대방이 무엇을 선호하고 따르는지를 알아내야 한다.

　그리고 나서 듣고자 하는 것을 말하면 상대방을 움직일 수 있다. 상대방이 원하는 대로 실천하여 이들이 자신이 원하는 것을 얻을 수 있음을 보여주면 된다.
　이것이 상대방에게 영향력을 행사하는 가장 중요한 비법이다. 이는 자신이 하는 말로써 표적을 정확히 때리는 것을 의미하지만 물론 표적이 어디 있는지를 먼저 알아야 한다.

　이러한 원리를 설명하는 하나의 예로서 당신이 고용주이고 기술자를 고용하고자 하는 경우를 생각해 보자. 다른 여러 회사에서도 그 기술자에게 제의를 했음을 알고 있다고 하자. 『상대방이 원하는 것을 알아낸다』는 원리를 적용시키면 해당 기술자가 어떤 지위와 회사를 원하며 무엇에 가장 관심을 두고 있는지를 먼저 파악해야 할 것이다. 기술자가 원하는 것이 발전의 기회라면 발전에 대한 기회를 얼마나 제공할 수 있는지에 대해 알려주어야 한다. 안정적인 면을 선호한다면 안정성에 대해 알려주어야 할 것이다. 기술자가 교육을 더 받기를 원하고 경험을 더 쌓기를 원한다면, 이 문제에 대해 알려주어야 할 것이다. 핵심은 기술자가 무엇을 바라는지를 알아내고, 당신이 원하는 것(말하자면 기술자가 당신의 회사에서 근무하는 것)을 행한 다음 상대방이 원하는 것을 어떻게 얻을 수 있는지를 보여주는 데 있을 것이다.

이 원리에 대해 반대의 입장 즉, 당신이 간절히 원하는 일자리에 지원하는 경우에 대해 알아보도록 하자. 먼저 채용하는 측에서 요구하는 능력과 임무, 책임에 대해 파악하여 자신이 이들의 요구를 충족시킬 수 있음을 보여주어야 할 것이다. 회사에서 전화로 고객 상담을 하는 사람을 필요로 한다면 이러한 일을 할 수 있거나 해본 적이 있음을 언급해야 할 것이다. 이들이 어떤 사람을 찾는지를 파악한 다음에는 이들이 듣고 싶어 하는 말을 할 필요가 있다.

상대방이 원하는 것을 찾아내는 방법은 상대방에게 묻고, 관찰하며 의견을 듣는 데 있다. 이때 상대방이 무엇을 원하는지를 찾아내는 노력을 기울여야 한다.

7. 상대방에게 확신을 심어주는 기술

당신에게 이익이 되는 문제에 대해 언급할 때 상대방이 당신이나 당신이 말하는 것에 부정적인 입장을 보이는 것은 인간의 본성에 의한 것이다. 다른 방법으로 자신의 주장(즉, 자신의 이익을 위한 주장)을 제시할 때 이와 같은 부정적인 인식의 상당 부분을 제거할 수 있다. 가장 좋은 방법은 직접 주장을 제기하는 것이 아니라 다른 사람의 말을 인용하는 것이다. 다른 사람이 실제로 없더라도 상대방의 말을 인용하는 식으로 주장을 제기하면 되는데 다음은 그 예 중 일부이다.

예 – 당신이 팔고 있는 제품이 오래 사용할 수 있는 제품인지를 누가 묻는다면 "우리 옆집 사람이 이 물건을 4년 동안 써 왔고 여전히 상태가 좋다"는 식으로 답할 수 있다.

즉, 실제로 옆집 사람이 지금 말하고 있지 않은데도 그가 당신을 대신해서 말해주는 것과 같다.

예 – 당신이 어떤 일자리에 지원하였을 때 채용하는 회사 측에서 당신이 일을 맡을 수 있는지를 알고 싶다면 당신은 과거의 고용주들이 얼마나 만족했는지 등을 말할 수 있다.

예 – 당신이 아파트를 임대하려고 하는데 입주를 희망하는 상대방이 아파트가 조용한지를 알고자 한다면 이전에 세를 들어산 사람이 얼마나 조용한 아파트에서 살았는지를 말 할 수 있을 것이다.

위의 모든 예에서 당신이 질문에 직접 답하는 형식을 취하지 않는다. 대신 옆집 사람, 이전의 고용주들 또는 이전의 입주자들이 답을 대신 해주는 형식이 된 것이다. 대화 상대방들은 당신이 직접 답하는 것보다 이와 같이 제3자가 답을 제시하는 형식일 때에 더욱 만족스러워할 것이다.

참 이상한 일이지만 제3자가 한 말이라면 상대방은 전혀 의심을 하지 않는 경향이 있다. 그렇지만 당신 자신이 답하면 많은 의심을 하는 것이다. 따라서 제3자가 답변 형식을 취하도록 할 필요가 있다. 상대방을 인용하고, 성공담을 늘어놓고 사실과 통계치를 제시하도록 한다.

8. 상대방의 마음을 움직이는 기술

상대방이 동의를 표하게 하는 데에는 단순한 변덕이나 운, 시행착오만이 지배하는 것은 아니다. 인간관계에 능숙한 사람은 상대방이 자신에게 동의하게 하는 가능성을 크게 향상시키는 여러 가지 기법과 방법들을 가지고 있다.

다음은 긍정적인 반응을 얻을 가능성을 높이기 위한 좋은 방법 네 가지이다.

1) 상대방이 당신에게 동의할 합당한 이유를 제공한다.

세상의 모든 일에는 이유가 있다. 따라서 다른 사람이 자신을 위해 무엇인가 해주기를 바란다면 이들이 이렇게 해야 할 이유를 제시해야 하는데, 이러한 이유가 상대방에게 이익이 되는 것이어야 함에 유의해야 한다. 자신에게 이익이 되는 이유들을 제시하는 것은 옳지 못한 일이다. 간단히 말하자면 상대방이 자신에게 따라야 할 이유로서 상대방에게 이익이 됨을 설명해야지 자신에게 어떻게 이익이 될 것인지를 말하면 안 된다.

2) 긍정적인 질문을 한다.

상대방이 자신에게 긍정적인 답변을 하도록 하려면 먼저 긍정적인 마음을 가져야 한다. 이렇게 하기 위한 두 세가지 질문이 있는데 "가족의 행복을 바라지 않으십니까"(물론 바랄 것이다), "투자한 비용이 최상의 가치를 창출하길 원하지 않으십니까"(물론 원할 것이다) 등이 좋은 예이다.

긍정적인 질문이란 "예"로 밖에 답변할 수 없는 질문을 의미한다. 긍정적인 질문의 배경이 되는 개념을 상대방을 긍정적인 마음의 틀로 유도하면 이들이 당신에게 긍정적으로 응답할 가능성이 높아지는 데 있다.

한 가지 유의할 점은 긍정적은 질문을 할 때, 질문을 하면서 머리를 움직여 긍정의 의미를 표현하고 『당신』을 의미하는 말로 질문을 시작하는 것이다.

"좋은 토스트기를 원하지 않습니까"(긍정의 의미로 머리를 끄덕이면서), "멋있는 드레스를 원하지 않습니까"(긍정의 의미로 머리를 끄덕이면서).

3) 상대방에게 두 가지 다른 "Yes"의 예로 선택의 기회를 제공한다.

이것은 간단한 의미로 상대방에게 두 가지 중에 하나를 선택하도록 하는 것이지만, 첫 번째나 두 번째를 선택하더라도 대답을 "예"가 되도록 하는 것이다. 어떤 방식을 택하더라도 긍정적으로 답하는 결과로 만드는 것이다. 이 방식 은 상대방에게 엇인가를 요구할 때와 같이 "예"와 "아니오" 간의 선택을 제공하는 것에 비해 선호할 만하다. "예"는 이들이 요구에 따라준다는 것을 의미하며 "아니오"는 거절을 의미하게 되는 것이다.

상대방이 당신의 요구를 따를 때 그 방법을 선택 할 수 있도록 하는 것이 기술이다. 예를 들어, Smith씨와 시간 약속을 할 경우,
"Smith씨, 오늘 오후가 좋으십니까, 아니면 내일 오전 또는 오후가 좋겠습니까"와 같이 질문하는 것이다(즉, 당신이 Smith씨에게 약속을 할 시간에 대해 선택을 주는 것이다). 약속시간을 내달라고 요청하는 방법은 효율적이지 못하며, 그것은 긍정(즉, 약속에 대한 요구를 수락) 또는 부정(즉, 약속에 대한 요구를 거절)의 두 가지 선택권을 주게 된다. 좋은 예는 다음과 같다. "둘 중에 어떤 것이 좋습니까?"의 질문 대신, "검정색을 좋아하십니까? 아니면 흰색을 좋아하십니까?", "일을 시작하고 싶으세요?"의 질문 대신, "일을 내일 시작하실 예정이십니까? 아니면 화요일에 시작하실 예정이십니까?", "이 물건을 구입하시 것입니까?"의 질문 대신, "이 물건을 할부로 처리할까요? 아니면 현금으로 결제하시겠습니까?"

이 방법이 항상 유효한 것은 아니지만 많은 경우에 도움이 될 것이며 상대방에게 예와 아니오 사이의 선택을 제공하는 것보다 훨씬 좋을 것이다.

4) 전문가들은 상대방에게 "예"라고 말하고 상대방이 긍정적으로 답할 것을 기대하고 있음을 알게 한다.

상대방이 당신에게 동의 할 것으로 기대한다면 이는 자신감이다. 그러나 이 경우는 자신감에서 한 단계 앞서 나간 것이다. 이들에게 의도를 알리는 것이며 상대방이 동의할 것을 기대한다는 강력한 인상을 주는 것이다.

거의 모든 사람들은 '중립적인' 입장에서 출발하기 때문에 특정 방향으로 이끌 수 있다. 일단 상대방에 대해 자신이 기대하는 바를 인식시키면 상대방은 대부분 당신의 요구를 따를 때 주저하거나 보류하지 않는 것이다. 이 과정은 일종의 탁월한 심리학이며 최초 몇 번의 성공 후 실행에 옮기는 것이 쉬울 것이다.

9. 상대방의 기분을 맞추는 기술

10명 중 9명이 당신에게 즉시 호감을 느끼게 할 수 있다. 단 몇 초 만에 10명 중 9명이 당신에게 예의바르고 우호적이며 친절하게 대할 수 있도록 유도할 수 있다. 그 방법은 다음과 같다.

1) 모든 관계에서 처음 몇 초가 그 느낌을 결정한다는 일반적인 사실을 명심한다.

2) 그리고 인간 행동의 두 번째 기본법칙 즉, 사람들은 상대방의 행동에 대해 반응하는 경향이 강하다는 것을 활용한다.(사람은 친절함에 끌린다는 내용으로 범위를 좁히도록 한다)

따라서 처음 상대방을 마주 할 때 어떤 행동을 옮기기 전에, 말을 하기 전에 성실하게 웃는 얼굴을 보여주도록 한다. 어떤일이 일어날 것인가? 이들은 이에 따라 반응할 것인데 즉, 역시 미소로 답하고 기뻐할 것이다.

모든 인간관계에 관련된 행동 즉, 두 사람간의 행동에 있어 분위기라는 것이 존재한다. 분위기와 무대를 설정해 주는 것이 당신이 해야 할 기술이다. 당신 또는 상대방이 이 분위기를 정할 것이다. 당신이 현명하다면 자신에게 유익하도록 분위기를 꾸밀 것이다.

인간관계에 있어 비극적인 사실 중 한 가지는 사람들이 상대방에게 한 그대로 돌려받는다는 것을 인식하지 못하는 데 있다.

상대방에게 호의를 베풀면 상대방도 당신에게 호의를 베풀 것이다. 악의를 베풀면 악의를 베풀 것이다. 핵심은 타이밍에 있는데, 미소를 지어 침묵을 깨어야 한다는 것이다. 이렇게 하면 무대는 따듯하고 호의적인 방식으로 바뀌게 된다. 음성과 표정 역시 내부의 생각을 표현하는 것이므로 중요하다.

전문적인 엔터테이너나 모델들과 같은 방법으로 미소를 지어야 한다는 것에 유념한다.

이 한마디를 항상 마음속으로 말해보면 어떨까?
"치즈"
효과가 있을 것이다!

10. 상대방을 칭찬하는 기술

사람은 빵만으로는 살 수 없다!

사람은 육신과 더불어 마음의 양식을 필요로 한다. 친절한 말한마디나 칭찬을 들을 때 느껴지는 행복감에 대해 생각해 볼 필요도 있다. 이 칭찬이나 말 한마디로 하루 내내 또는 저녁 내내 밝은 마음을 유지할 수 있었음을, 또는 그러한 좋은 느낌이 얼마나 계속되었는지를 회상해보면 좋을 것이다. 다른 상대방 역시 당신과 같을 것이다.

따라서 상대방이 듣고자 하는 말을 상대방에게 하도록 한다. 이들은 친절한 말을 하는 것에 대해 호감을 가질 것이며 당신은 이러한 말을 한 것에 대해 좋은 느낌을 유지할 것이다.

칭찬에 관대해야 한다. 칭찬할 대상을 찾은 다음 칭찬을 실행에 옮기도록 한다. 다음은 상대방을 칭찬할 때 지켜야 할 몇 가지 지침이다.

(a) 칭찬은 진지해야 한다.
진지하지 못한 것이라면 하지 않은 것보다 못하다.

(b) 사람이 아니라 행동을 칭찬의 대상으로 한다.

행동에 대한 칭찬은 당황과 놀라움을 피할 수 있도록 하며, 특정인의 편애에 대한 오해를 피할 수 있으며, 반복되는 행동에 대해 개선의 여지를 제공한다. 예를 들어, "John, 작년 당신의 실적은 참으로 훌륭했습니다("John씨, 당신은 훌륭하오" 대신)", "Mary, 당신은 연말 보고서를 참으로 잘 작성했소("Mary는 일을 참 잘한다" 대신에)", "Smith씨, 정원 가꾸는 솜씨가 참으로 대단하십니다("Smith씨, 수고하셨습니다" 대신)".

칭찬은 구체적이어야 하며 정확하게 초점을 맞추도록 한다.

행복의 공식 – 최소한 세 사람에게 매일 친절한 말을 한 가지씩 하는 습관을 기르도록 한다. 그 다음 당신이 이렇게 했을 때 어떤 느낌이 오는지를 생각해 본다. 이는 당신에게 필요한 행복의 공식이다. 이를 통하여 다른 상대방에게 제공하는 행복감, 감사와 즐거움을 느끼게 된다면 당신 역시 좋은 느낌을 유지하게 될 것이다. 주는 즐거움이 받는 즐거움보다 큰 것이다. 한번 시도해 보도록 한다.

11. 상대방을 비판하는 기술

성공적인 비판의 열쇠는 비판 정신에 달려 있다.

단순히 감정적인 비판을 한다면 자신의 감정을 노출하고 상대방의 분노를 사는 결과만을 초래할 것인데, 이는 아무도 비판당하는 것을 좋아하지 않기 때문이다.

그러나 비판에 따르는 시정사항 즉, 결과에 관심을 둔다면 올바른 방법으로 비판을 행함으로써 많은 성과를 얻을 수 있을 것이다. 다음은 이를 위한 몇 가지 규칙이다.

성공적인 비판을 위한 일곱 가지 필수사항

1) 비판은 철저히 비공개적으로 한다.
남이 듣도록 문을 열어 놓고 언성을 높이거나 남이 듣지 않도록 한다.

2) 비판하기 전에 친절한 말이나 칭찬을 한다.
우호적인 분위기를 먼저 조성하여 충격을 완화시키도록 한다.

3) 비판할 때 사람이 아닌 행동을 비판하도록 한다.
비판을 해야 할 대상은 사람이 아니라 행동이다.

4) 답을 제시한다.

답은 올바른 길을 의미한다. 상대방이 하고 있는 일에 대해 잘못을 이야기할 때 올바르게 행하는 방법을 같이 제시해야 할 것이다.

5) 요구하기 보다는 협조를 부탁한다.

요구하는 경우보다는 부탁하는 경우 보다 많은 협조를 얻는다는 것은 잘 알려진 사실이다. 요구는 마지막 수단이다.

6) 하나의 잘못에 한 번의 비판만 한다.

가장 정당한 비판은 단 한번만 정당하다.

7) 우호적인 방법으로 비판을 끝낸다.

끝맺음을 할 때에는 "우리는 서로 친구이니까 같이 문제를 해결하고 서로 도와주도록 하자"라는 식으로 한다. 이제 할 말 다했으니 가봐 라는 식이 아니다. 이 일곱 번째 규칙이 제일 중요하다고 할 수 있다.

12. 상대방에게 감사하는 기술

상대방에게 감사하는 마음을 갖고 있는 것만으로는 충분하지 않다. 감사해야 할 이들에게 감사를 표현하는 것이 중요하다. 이는 자신에게 감사를 표현하는 이들에게 호감을 갖고 이들에게 응답하는 것이 인간의 본성이기 때문이다. 호감을 가지고 하면 더 큰 보답이 돌아온다.

상대방에게 감사하게 생각하면서 이 감사의 마음을 표시한다면 이들은 나중에 더 많은 것을 제공할 것이다. 감사를 표현하지 않는다면 (감사의 마음이 그렇더라도) 다음에는 아무 것도 제공하지 않거나 더 적은 것으로 만족해야 할 수 있다.

그러나 감사의 표시에는 몇 가지 방법이 있다.

1) 표현할 때는 진지해야 한다.

상대방에게 감사를 표현할 때는 진지함이 따라야 한다. 당신이 진정으로 감사를 표현한다는 것을 상대방은 인식할 것이다. 또한 진지하지 못한 경우에도 그것을 알아차릴 것이다.

2) 분명하고 명확하게 표시한다.

상대방에게 감사할 때는 분명하게 감사의 표현을 전달하도록한다.

즉, 감사의 인사를 기쁘게 하는 것임을 보여줄 필요가 있다.

3) 감사해야 할 상대방을 마주본다.

감사하는 상대방을 마주보는 것은 많은 의미가 주어진다. 감사를 표현하려면 자연히 마주보게 되기 때문이다.

4) 감사를 표현할 때 이름을 부른다.

감사함에 있어 이름을 말하여 인격을 부여한다. 그냥 "감사합니다"와, "Miss Jones, 감사합니다"라고 말하는 것 간에는 많은 차이가 존재한다.

5) 상대방에게 감사를 표현할 기회를 찾도록 한다.

즉, 감사를 표시할 기회를 잘 찾아볼 필요가 있다는 것이다.

보통 사람들은 분명히 나타나는 것에 대해, 그리고 비범한 상대방은 분명하게 나타나지 않는 경우에도 고마움을 느낄 것이다.

위의 규칙들은 간단한 것이지만 상대방에게 감사를 올바르게 표현하는 것만큼 인간관계에 있어 중요한 기술도 별로 없다. 이는 평생동안 중요한 재산이 될 것이다.

13. 좋은 인상을 심어주는 기술

대부분 우리들은 자신에 대한 상대방의 의견을 통제하고 있다. 처음에는 상대방에게 알려지지 않은 상태에서 출발하며 우리들에 대한 이들의 입장은 상당 부분 우리들의 행동에 의해 결정된다. 이에 따라 상대방이 우리에 대해 좋은 인상을 갖도록 행동하는 것이 필요하다.

상대방이 자신에 대해 좋게 생각하고 존경과 경외심으로 바라보도록 하기 위해서는 자신이 이와 같은 대접을 받을 수 있도록 하는 인상을 심어주어야 한다.

이는 일차적으로 자신에게 부여하는 가치에 의해 실현된다. 자신이 누구이며, 무엇을 하고 있으며, 어디서 일하는지에 대해 자부심(자만심이 아니라)을 갖도록 한다. 자신의 현재 입장에 대해 유감스러운 입장을 취하지 않도록 한다. 각자 자신의 존재가 있는 것이므로 자신에 대한 자부심과 존경심이 유지되도록 해야한다.

예 – 직업이 무엇이냐고 상대방이 물으면 이 질문에 어떻게 대답하느냐가 중요하다. 예를 들어 당신이 보험 외판원이라면 "아..그냥 저는 평범한 보험 외판원 행상일 뿐입니다"라고 답할수 있을 것이다. 이런 답으로 다른 상대방에게 좋은 인상을 줄 수는 없는데 이와 같은 답변으로는 자신이 좋은 인상을 받을 가치가 있음을 말한 것이 아니기 때문이다. 자신에 대한 자부심과 존경심을 가지라는 원칙에 따라 "Smith씨, 저는 국내에서 가장 훌륭한 보험회사 중 하나인 Blank 보험회사에서 일하는 것을 자랑스럽게 여기고 있습니다"와 같은 답변을 하도록 한다.

두 번째 대답이 첫 번째에 비해 상대방의 의식 속에서 갖는 가치상의 차이에 대해 생각해볼 필요가 있다.

또한 다음 사항들을 명심해야 한다.
1) 진지할 것
천박한 아부, 공허한 약속 그리고 무의미한 말을 하지 않도록 한다. 의미가 담긴 말만을 하도록 한다. 말하고 있는 바에 대한 믿음을 유지하도록 한다.

2) 열의를 보일 것
자신이 하고 있는 일을 남에게 잘 알리는 것으로 얻을 수 있는 가치있는 자산이 바로 이 열의이다. 열의는 남에게 옮겨가는 속성이 있다. 자신을 판 다음에야 남들에게 무엇인가를 팔 수 있다.

3) 지나친 염려를 표출하지 말 것
상대방을 대할 때 지나친 염려를 하지 않도록 한다. 지나친 걱정은 상대방에게 의구심을 불러일으키게 된다. 상대방은 당신이 초조한 행동에 대해 제지하려는 속성이 있다. 이들은 본능적으로 의심을 갖거나 또는 자신들에게 보다 유리한 조건을 도출하려 알 것이다. 염려를 숨기도록 해야한다. 항상 배우처럼 행동 할 것.

4) 상대방을 비난하는 방법으로 자신의 입지를 올려놓으려 하지 말 것

항상 자신의 장점을 내세울 것이며 다른 상대방을 비난하는 방법으로 자신의 입지를 강화시키려 해서는 안 된다. 인생에서의 진정한 발전은 자신의 노력과 가치에 의해 결정된다. 다른 사람의 약점을 이용하는 방식으로는 멀리 가지 못한다. 자신의 강점을 기반으로 자기 자신의 존재를 강조하도록 한다. 다른 사람들의 약점을 강조하여 자신을 드러내고자 한다면 관심은 자신이 아니라 바로 그들에게 쏠리게 된다.

5) 상대방을 공격하지 말 것

좋게 말할 것이 없다면 아무 말도 하지 않는 것이다 좋다. 상대방을 공격하는 것은 옳지 않지만 이것은 상대방을 공격하지 말아야 하는 주된 이유는 아니다. 진짜 이유는 이러한 상대방에 대한 공격이 그대로 자신에게 되돌아온다는 점이다. 공격은 당신의 내부만 노출시킬 뿐이다. 상대방을 공격하지 않음으로써 현명함과 온화함을 유지하도록 한다.

14. 연사로서 말하는 기술

다음은 대화의 기술에 대한 다섯 가지 규칙인데 이것들을 따르면 당신은 연사로서 주목받을 것이다. 이들 규칙은 당신이 하는 말을 관심을 끌지의 여부를 결정한다.

1) 말하고자 하는 바에 대해 알고 있어야 한다.

말하고자 하는 바에 대해 정확히 모른다면 먼저 말을 하지 말 것, 권위와 지식, 확신을 가지고 말을 할 것이며 이는 자신의 말하고자 하는 바를 정확히 알 경우에만 가능하다.

2) 말한 다음 자리에 앉는다.

간략하게 말하고 다음 앉도록 한다. 말을 너무 적게 했다고 비난받는 사람은 없으며 당신으로부터 보다 많은 말을 듣고 싶은 상대방은 물을 것이다. 승자로서 연설을 마치도록 한다.

3) 말을 하고 있을 때는 청중을 바라본다.

이 규칙의 중요성은 과소평가할 수 없는 것이다. 듣는 사람을 똑바로 보는 것은 말하는 사람의 기본 상식이다. 자신의 연설을 읽는 상대방의 인상이 좋지 못한 이유가 여기에 있다.

4) 청중이 관심있는 대상에 대해 말하도록 한다.

자신이 말하고자 하는 내용이 아니라 청중이 듣고자 하는 내용이 중요한 것이다. 청중의 관심사가 절대적인 것이지 당신의 것이 아니다. 성공적이며 인기있는 연사가 되는 확실한 방법 한 가지는 이들이 듣고자 하는 것을 말하는 데 있다.

5) 연설을 하려 들지 말 것

연성을 꾸미는 일은 쉽지 않다. 그냥 자연스럽고 자신의 위치에서 말을 하도록 한다. 이것이 말을 하는 방법이다. 자신이 말해야 할 것을 자연스럽게 말하도록 한다.

15. 글을 마치며

솔직히 말하면 인간관계에 대한 레스 기블린 세미나의 지식과, 이 인간관계 기술에 대한 핸드북은 여기 담겨진 지식을 활용하지 않는 이상 도움이 되지 못할 것이다. 지식 자체는 가치가 없다. 지식을 가치있게 만드는 것은 지식을 활용하는 데 있다. 이를 다른 말로 표현하자면 삶의 가치는 당신이 무엇을 할 수 있는가가 아니라 무엇을 실행에 옮기는가에 의해 결정된다. 이러한 지식은 더 풍요로운 생활, 더 많은 친구, 더 많은 성공 그리고 행복에 대한 열쇠가 된다. 바로 지금, 이 지식을 자신과 가족들을 위해 실천에 옮기도록 하자.

지금까지의 내용을 당신이 잘 활용할 수 있기를 바라며 당신의 인생에 행운이 있기를 간절히 바란다.